세상을 바꾸는 공주병·왕자병

아엠

세상을 바꾸는 공주병 · 왕자병
아이엠

1판 1쇄 발행 2006년 7월 15일

지은이 **김종명**

그림 **추덕영**

표지디자인 **이창욱**

편집 **김유은**

펴낸이 **박선우**

발행처 **리베르**

주소 서울시 용산구 한강로 2가 2-11 대우아이빌 1102호

등록번호 제 2003-43호

전화 790-0587

팩스 790-0589

e-mail skyblue7410@hanmail.net

세상을 바꾸는 공주병·왕자병

아이엠

김종명 지음

리베르

'공주병'에 걸리자!

여기서 '공주병'은 우리가 흔히 말하는 자기 과대망상증을 이야기하는 것이 아니다. 아주 강력한 자기 긍정의 메시지이다. 자신의 무한한 능력을 믿고 그에 걸맞은 능력을 발휘하자는 것이 '공주병에 걸리자'는 말의 진정한 의미다.

나는 패션회사의 CEO로서 '공주병에 걸리자'는 캠페인을 벌였다. 자신을 공주나 왕자처럼 믿었던 직원들은 어김없이 성공했다. 학교 성적 꼴찌의 가출 소녀였던 한 여직원이 공주병에 걸린 이후 이에 걸맞은 행동을 하면서 최우수 사원이 되었으며, 연봉 2천만 원도 못 받던 직원이 억대 연봉을 받는 경우가 속출했다.

나는 '공주병에 걸리자'는 캠페인을 대대적으로 벌이면서 전국의 직원들을 직접 교육했다. 그 과정에서 나는 직원들의 고민이 무엇인지 알게 되었다. 교육을 받으면 좋기는 하지만 교육이 끝나고 나면 무엇을 어떻게 해야 할지 모르겠고 오히려 위기감만 느낀다는 것이다.

교육받은 내용을 고등학생이 수능시험 준비하듯이 달달 외우라고 할 수도 없었다. 콩나물에 물을 주면 그 물은 시루에서 즉시 빠져나가지만 그래도 콩나물은 자라듯이 직원들이 단지 듣기만 해도 도움이 되는 내용의 교육이 필요했다.

메시지는 현장의 살아있는 소리로 쉽게 전달해야 했다. 그래서 나는 직원들이 쉽게 기억할 수 있는 용어를 만들어냈다. 몇 년이 지나면서 어떤 직원들은 교육자료 복사를 요청하기도 했고 교육 내용을 책으로 내보라고 조언하기도 했다. 대학에서 강의를 하면서 이 책의 내용을 학생들에게 들려주었는데 학생들도 뜨거운 반응을 보였다.

상당수 자기계발서들에는 현장의 경험은 없고 이론에 치우친 비유적인 이야기들만 있다. 나는 실제 경험을 통해 검

증된 이야기를 전달해야겠다는 의무감이 들었다. 바로 이 것이 이 책이 나오게 된 배경이다.

소설 형식을 취한 이 책은 실화를 바탕으로 하고 있다. 다 만 내용을 재미있게 전달하기 위해 약간의 각색을 하였다. 핵심 내용은 직원들에게 직접 교육한 것들이고 현장의 경 험을 통해 그 효과가 확인된 것들이다.

'공주병에 걸리자'는 캠페인을 통해 자신의 능력이 무한 하다고 믿고 관계의 본질을 이해한 직원들은 스스로 행복 한 삶을 찾았다. 이 책에는 실천하기 어려운 내용은 없다. 그냥 가볍게 읽기만 하면 된다. 책을 덮고 나서 자신의 내면 에 있는 무한한 능력을 단지 느끼기만 하면 된다.

마음속으로 외쳐보라.

'공주병에 걸리자! 아이엠!!!' (IAM)

세상은 무엇을 꼭 어떻게 해야만 하고, 치열하게 살아야
만 하는 그런 곳이 아니다. 서로를 보듬으며 함께 훈훈하게
살아갈 수 있는 아름다운 곳이다. 우리는 단지 행복하기만
하면 된다. 이 책을 통해 나는 독자 여러분들에게 '공주병
에 걸리자'는 제안을 한다. 독자 여러분과 함께 행복의 문
을 열고 싶다.

지은이 씀

차 례

세상을 바꾸는 '아이엠' 18조

1조 자신의 직업에 가치를 부여하라.

2조 자신의 무한한 능력을 믿고 스스로를 존중하라.

3조 자신이 좋아하고 잘 하는 일을 선택하라.

4조 지금 이 자리에서 열정을 발휘하라.

5조 여가는 창의력의 원천이다.

6조 성공하는 사람은 혼자 뛰지 않는다.

7조 웃음과 인사는 관계를 이어주는 묘약이다.

8조 칭찬하고 또 칭찬하라.

9조 천천히, 그리고 꾸준히 자기계발을 하라.

10조 슬픈 일은 반드시 나누어라.

11조 어떤 경우에도 상대를 비난하지 말라.

12조 누구나 수평적 관계에서 조언자가 될 수 있다.

13조 상대의 이름을 기억하고 불러주라.

14조 상대방의 능력을 믿고 존중하라.

15조 독서는 매일 하는 식사와 같다.

16조 상대방의 관점에서 바라보라.

17조 현장에서 해답을 찾아라.

18조 '공주형 인간'이 되라.

1

우리는 인류평화산업 종사자

내가 M 청바지 회사의 사장이었을 때의 일이다. 회사의 경영 상태는 최악이었다. 회사를 정상화시키기 위해서는 무엇보다 먼저 실의에 빠진 직원들에게 자신감을 불어넣어야 했다.

나는 우선 '공주병에 걸리자'는 캠페인을 전개하였다. 스스로가 공주나 왕자처럼 소중한 사람이라고 생각하면 직원들이 그에 걸맞은 능력을 발휘할 것이라는 것이 내 생각이었다. 나는 직원들에게 기회가 있을 때마다 이런 말을 했다.

"우리는 인류평화산업에 종사하고 있습니다. 우리는 흔히 판사나 검사를 좋은 직업으로 생각하지만 정작 우리가 더 좋은 직업을 가지고 있습니다. 판검사들은 집에서 아무리 즐거운 일이 있어도 직장에 나오면 근엄한 표정으로 범죄자들을 대해야 합니다. 하지만 우리는 어떻습니까? 우리는 집에서 비록 나쁜 일이 있어도 회사에 나오면 고객을 맞이하면서 하루 종일 방긋방긋 웃지 않습니까? 우리는 자신은 물론 고객에게 미소를 선사하는 인류평화산업에 종사하고 있는 것입니다."

처음 이 말을 들은 직원들은 수긍하지 않았다. 그래도 판검사가 낫지, 판매사원이 더 낫겠냐는 표정들이었다. 나는 직원들의 이러한 반응을 알면서도 줄기차게 "우리는 인류평화산업에 종사하는 행복한 사람들"이라는 주장을 반복했다.

"어떤 직업에 오랫동안 종사한 사람들의 표정을 보십시오. 그들의 얼굴은 자신의 직업에 따라서 변해가고 있지 않습니까? 근엄하거나 날카로운 얼굴을 하고 있는 사람들과는 달리 우리의 표정은 얼마나 부드럽고 다정합니까? 바로 이것이 우리가 인류평화산업에 종사하고 있다는 증거입니다."

그랬더니 놀라운 결과가 나타났다. 18년간 판매사원으로 일 해온 J라는 직원은 자신의 직업에 대해 심한 열등감을 느끼고 있었다. 그런데 J는 나의 '인류평화산업' 이야기를 듣고 자신을 되돌아보았다. 그리고 자신의 뇌를 다시 프로그램화 했다. '나는 인류평화산업에 종사하는 사람이다.' J는 자기 암시를 반복했다.

'나는 고객에게 청바지를 파는 게 아니라 미소와 행복을 파는 거야.' 그러자 고객을 대하는 J의 태도가 변했다. 이제는 신상품이 나오면 무작정 고객에게 팔아 치우려고만 하지 않았다. 우선 신상품이 어울릴 만한 사람을 떠올리고 그가 매장에 올 때까지 그 상품을 따로 보관했다.

게다가 사은품이 나오면 단골고객에게 일일이 전화해서 사은품을 받아가라고 했다. J는 고객의 마음까지 헤아렸다. 고객에게 사은품만 받으러 매장에 찾아오라고 하면 부담을 느낄 것 같아 일부러 인근 커피숍에서 사은품을 전달했다.

이것만이 아니다. J는 고객들의 체형과 취향을 일일이 기억해두었다가 고객에게 꼭 맞는 코디네이션을 제안했다. J는 상품을 팔겠다는 생각을 떠나서 자신은 고객에게 미소와 행복을 파는 진정한 인류평화산업 종사자라고 굳게 믿고 이를 실천한 것이다.

그러기를 얼마 지나지 않아 기적 같은 일이 일어났다. 판매사원은 매출 실적에 따라 인센티브를 받는데 그 동안 J는 2백만 원 이상 월급을 받은 적이 없었다. 그러던 그녀가 한

달에 2천만 원이나 받게 된 것이다. 그렇게 2년이 지나자 J 는 지난 18년 동안 번 것보다 더 많은 급여를 받게 되었다. J 는 단숨에 우리 회사의 스타가 되었다.

단지 생각만 바꿨을 뿐인데 J는 자신의 인생을 송두리째 바꿨다. 성공과 행복을 함께 얻게 된 것이다. J뿐만 아니라 많은 사람이 억대 연봉을 받았다. 성공과 행복은 전염성이 강하기 때문일 것이다.

대체로 성공과 행복은 함께 간다. 의사와 판검사를 성공한 사람이거나 그렇지 않은 사람이라고 단정적으로 말할 수는 없다. 그들이 환자와 범죄자를 대하며 매일 찡그리고 산다면 그들은 성공한 사람이 아닐지도 모른다. 그러나 그들이 사람의 생명을 구한다는 사명감이나 사회정의를 지킨다는 사명감으로 일을 한다면 행복한 사람일 것이다. 어떤 분야든지 자신의 직업에서 가치를 느낀다면 그 사람은 이미 성공한 사람이거나 앞으로 반드시 성공할 사람일 것이다.

자신의 직업에
가치를 부여하라

생각은 에너지가 강하다. 생각은 행동을 변화시킨다. 자신의 직업에 의미를 부여하고 가치 있게 생각한 결과 J는 자신의 인생을 바꿀 수 있었다. J뿐만 아니라 수많은 직원들이 억대의 연봉을 받게 되었다. 자신의 직업에 대해서 만족하지 못하고 부끄럽게 여기던 직원들이 자신의 직업을 소중하게 여기고 자부심을 느끼게 되면서 성공과 행복을 함께 누릴 수 있게 됐다. 자신이 하는 일에 가치를 부여하는 것은 성공과 행복의 출발점이다.

2

공주병과 관계의 법칙

　　　　　언젠가 컬러복사기를 처음 사용하던 날, 복사기의 색깔이 얼마나 정확하게 나오는지 보기 위해 장난삼아 복사기에 대고 내 손바닥을 복사해 보았다. 손바닥은 실제처럼 리얼하게 복사가 잘 되었다. 컬러로 복사된 빈 손바닥은 묘한 느낌을 주었다. 나에게 무엇인가 말을 하고 있는 것 같았다. 그래서 나는 복사한 손바닥을 쉽게 꺼내 볼 수 있도록 코팅을 해서 수첩에 끼워 놓았었다. 코팅을 해 놓은 내 손바닥은 주민등록증과 신용 카드를 제치고 수첩 맨 앞에 자리 잡고 있다.

내가 손금을 믿기 때문이라고? 천만의 말씀이다. 내 손금의 사업 운이 좋기 때문이라고? 역시 그것도 아니다. 나는 원래 손금을 믿지 않는다. 재미 삼아 우연히 책을 뒤져 보니까 내 손금은 최악이었다. 사업 운, 금전 운, 초년 운, 중년 운, 말년 운 전부 안 좋게 나온다. 그런데도 나는 항상 복사한 내 손바닥을 지니고 다니면서 보고 또 본다. 복사된 손바닥은 나에게 이렇게 말하고 있는 것 같았다.

'손이 비어 있으면 모든 것을 가질 수 있지만, 손을 움켜쥐면 모두 빠져나가 버린다.'

흐르는 물에 손을 담그고 있으면 내 손 위에 항상 물이 흐르고 있지만 그 물을 움켜쥐려고 하면 물은 손에서 다 빠져나가버리고 하나도 남지 않는다. 무리하게 욕심을 부리지 말라는 교훈이다.

우리는 어떠한 형태로든 관계를 맺고 살아간다. 인간관계, 자연환경 등 나의 주변을 이루고 있는 것은 모두 나와 관계를 맺고 있다. 주변과의 관계가 나를 이루고 있기 때문에 우리는 관계를 나 자신과 동일시하기도 한다. 이 관계가 우리들의 삶을 성공으로 이끌기도 하고 불행으로 이끌기도 하는 행복과 불행의 교차점이다.

나는 복사된 손바닥을 보면서 이러한 '관계'에 대해 수시로 생각을 가다듬는다. 나는 위기에 처한 회사의 경영정상화 과정을 통해 배운 '관계'와 '공주병'의 교훈을 독자 여러분께 보고해야겠다는 의무감을 느꼈다. 전염되지 않는 성공과 행복은 아무런 가치가 없다고 생각했기 때문이다.

나는 회사와 직원은 둘이 아니라 하나라는 '관계의 법칙'을 깨닫고 '아이엠'이라는 원칙을 만들었다. 또 이를 실천하기 위해 자신을 믿고 존중하자는 '공주병에 걸리자' 캠페인을 펼쳤다.

그러자 판매사원 J처럼 연봉 2천만 원도 못 받던 사원들이 자신을 믿고 존중하는 공주병에 걸려 그에 걸맞은 행동을 하면서 억대 연봉을 받게 된 경우가 속출하였다. 학교에서 전교 꼴찌를 하던 문제 학생이 '공주병'에 걸리면서 최우수 사원이 된 경우도 있었다.

그리고 자신의 직업에 대해서 만족하지 못하고 부끄럽

게 여기던 직원들이 자신의 직업을 소중하게 여기고 자부심을 느끼며 행복하게 살아가게 되었다.

'관계의 법칙'과 '공주병'

바로 이것이 독자 여러분과 내가 이 책을 한 장 한 장 넘기면서 풀어야 할 '과제'다.

자신의 무한한 능력을 믿고
스스로를 존중하라

학교에서 전교 꼴찌를 하던 문제 학생이 자신을 믿고 존중하는 '공주병' 에 걸리면서 최우수 사원이 되었으며, 연봉 2천만 원도 못 받던 사원들이 역시 공주병에 걸려 그에 걸맞은 행동을 하면서 억대 연봉을 받게 된 경우가 속출하였다. 자신의 무한한 능력을 믿고 스스로를 존중하라.

3

월급쟁이의 3가지 소원

"다리가 길어 보여요~!"

M청바지 회사는 한때 이 광고로 세상 사람들의 관심을 끌었다. 지금은 이 광고 카피를 보면 별 감동도 없고 또 어딘지 모르게 감각이 뒤처진 것 같다. 시대가 빠르게 변하기 때문이다.

세상의 모든 것은 시간과 함께 변화한다. 나도 시시각각 변화했다. 청바지 패션 회사 사장이 되기까지도 변했고, 그

후에도 변했다. 다른 것은 다 빼놓더라도 내가 패션 회사 M으로 오기 직전의 일은 들려주고 싶다. 그래야 내가 첫 직장에서 겪었던 고민을 이해할 수 있을 것이기 때문이다. 그리고 독자 여러분이 직장을 선택하는 데도 도움이 될 수 있을 것이다.

십오 년 전의 일이다. 내가 모 금융기관에 사직서를 낸 날이다. 그 계기로 M청바지 회사로 오게 된 이 날은 국가적으로도 경사스러운 8월 15일이었다. 무더위가 기승을 부리던 여름, 내가 다니던 금융 회사의 직원들은 꽤 잘 나간다는 명목으로 그 전날까지 장장 일주일의 휴가를 보내고 있었다.

8월 15일, 회사는 서울 지역 간부급 회의를 소집했다. 당시 나는 그 회사에서 지점장을 하고 있었는데 회사는 대한민국 최고의 연봉에 보너스를 보장하고 있었다. 회의는 '영업 활성화 방안'에 관한 것이었다. 물론 나는 연휴 전에 치밀하게 회의 자료 준비를 모두 마친 상태였다.

사장이 좌석 중앙에 앉고 본부장이 회의를 주재했다. 긴긴 연휴를 마음껏 누리고 온 탓인지 다들 눈빛이 초롱초롱

했고 혈색도 그 어느 때보다 좋아 보였다. 차례대로 지점장들이 준비한 자료를 발표했다. 그런 사이 내가 발표할 차례가 돌아왔다.

"다음은 광화문 지점장의 발표가 있겠습니다."

나는 평소처럼 차분하게 말을 이어갔다.

"현재에 안주하지 말고 새로운 상황에 대비해야 합니다. 지금의 실적에 만족해서 미래에 대한 준비를 하지 않는다면 회사는 큰 위기에 처할 것입니다. 현재 회사가 거두는 높은 수익은 회사 자체의 역량이 뛰어나서라기보다는 단지 경쟁 회사가 없기 때문입니다. 문제는 이런 시장 판도가 얼마나 오래 지속될 것이냐 하는 것입니다. 제가 보기에는 시장에서는 영원한 승자가 없는 법입니다……."

그러자 딴 이야기를 하고 있던 본부장과 사장이 신경에 거슬린다는 표정을 지었다. 본부장이 눈치를 주었다.

"몇몇 대형 은행에서 우리의 주력 상품과 유사한 상품을 취급하기 위해 새로운 계열 회사를 만들려는 움직임이 포착되고 있습니다. 저는 작년부터 이에 대비해야 한다고 여러 차례 건의 드린 바 있습니다. 그런데 번번이 제 건의는 무시당해 왔습니다. 이렇게 사장님을 직접 모시고 회의를 하는 지금, 저는 다시 한 번 건의를 드리고자 합니다."

나는 오랫동안 수집해온 자료들을 보면서 일사천리로 발표를 이어나갔다. 20여 개 항목에 걸쳐 회사의 구조적인 문제점과 이에 대한 개선책을 발표했다. 발표 내용에는 당연히 본사 간부와 임원들에 대한 비판이 깔려 있을 수밖에 없었다. 내 발표를 듣던 본부장의 얼굴이 일그러지는 것을 나는 똑똑히 볼 수 있었다. 다행히 사장은 내 발표를 경청하는 듯했다.

그러나 순수한 애사심을 바탕으로 한 내 발표는 참혹하게 짓밟히고 말았다. 팔짱을 끼고 내 발표가 끝나길 기다리던 본부장이 입을 열었다.

"이봐요? 김 지점장! 그거 우리가 몇 년 동안 검토해 본 결과 아무런 문제가 없는 것으로 판명 난 것이잖아요. 왜 다 끝난 이야기를 가지고 엉뚱하게 문제를 일으키려고 합니까?"

그러면서 본부장은 내가 제시한 항목들을 모조리 부정하고 나섰다. 한마디로 내가 이야기한 내용들은 일고의 가치도 없다는 것이었다. 그리고 나를 괜히 잘 나가는 회사에 위기감을 조성하는 위험인물로 몰아세웠다. 그러자 좌중이 술렁이기 시작했다. 지점장들 몇몇은 나에게 우려의 눈빛을 보냈고, 몇몇은 나에게 비아냥거리는 표정을 보였다.

"맞습니다. 김 지점장의 발표는 비약이 너무 심해요!"

"맞아요. 김 지점장은 괜히 문제를 일으키려는 겁니다."

한바탕의 소란이 그치자 사장을 비롯해 본부장, 지점장들이 일제히 내게로 시선을 보냈다. '그래, 이래도 네 주장이 옳은 지 증명해 보라'는 것이었다.

나는 원래부터 자유분방한 것을 좋아했다. 그래서 복장도 금융기관의 직원으로서 부적합하다는 지적을 많이 받곤했고 생각이 엉뚱하고 산만하다는 말도 많이 들었다. 금융기관 체질이 아니라는 말도 많이 들어왔다. 나는 목이 조여져 오는 느낌이 들었다. '내가 심혈을 기울여 준비한 모든내용이 그들의 생각에는 일고의 가치도 없는 것이라니……. 과연 내가 발표한 내용들이 조용한 회사에 평지풍파를 일으키는 것일까?'

가슴이 답답했다. 나는 금융기관에서 근무하는 내내 답

답한 마음이 들곤 했었다. 비록 월급을 많이 받고는 있지만 이 일이 내가 평생을 바쳐서 해야 할 일인가에 대한 회의가 자주 들었다. 입사 동기들은 지점장이 되기까지 일을 재미있어 했으며 금융인으로서 자부심과 사명감을 느낀다고 했다. 그런데 나는 솔직히 말하면 월급을 많이 받는 것을 빼고는 보람이라는 것을 그다지 느낄 수가 없었다.

신입사원 시절 처음 수표를 발행했을 때의 일이다. 숫자를 잘못 헤아려 0을 하나 더 찍는 바람에 1억 원짜리 수표 대신 10억 원짜리 수표를 발행하는 어처구니없는 실수를 저지르고 말았다. 한바탕 소동이 일어났다. 이 뿐만이 아니다. 내주어야 할 돈과 받아야 할 돈을 거꾸로 적어서 결재를 받아 놓고는 어찌해야 할 지 모르고 발을 동동 구르기도 했다.

회의를 마치고 지점으로 돌아온 다음날, 나는 일주일의 휴가를 냈다. 지리산으로 가기로 했다. 나는 대학시절부터 머릿속이 복잡하면 지리산 종주를 하는 버릇이 있었다. 아침에 구례 화엄사를 출발해서 노고단으로 끝없는 오르막길을 오르면 점심때가 된다. 노고단에서 발아래 펼쳐지는 장

엄한 풍경을 보고 있으면 웬만한 걱정거리는 나도 모르게 사라져버린다. 노고단에서 뱀사골까지는 그냥 산책하듯이 걸을 수 있다. 나는 지금까지 지리산 종주를 여러 번 했는데, 대개 뱀사골에서 일박을 하고 나면 온갖 생각들이 정리되곤 했다. 하늘에서 쏟아지는 별빛을 온몸으로 맞으며 뱀사골 산장의 평상에 앉아있으면, 낮 동안에는 움직이지 않던 신비로운 세계가 어두운 대자연 속에서 진짜 모습을 드러낸다. 낮에는 듣지 못하던 개울물 소리는 물론, 풀잎 바스락거리는 소리까지 귓전을 간질인다. 밤은 낮에는 듣지 못하던 것을 들을 수 있게 해준다.

이번의 지리산행은 지금까지의 경우와는 달랐다. 뱀사골을 지나서 연하천에서 점심을 먹고 세석평전에서 또 하룻밤을 지내기까지 12시간 내내 산길을 걷고 또 걸었다. 그러자 몸은 파김치가 되었지만 머릿속은 더욱 더 또렷해졌다.

'무엇이 문제인가?'

언뜻 보기에는 문제가 없어 보였다. 그러나 그것이 바로 문제였다. 나는 대학을 졸업하고 직장을 선택하면서 몇 가지를 고려했다.

첫째, 월급은 많이 주는가?

둘째, 일은 일찍 마치는가?

셋째, 남들이 알아주는 직장인가?

이 금융기관은 나의 세 가지 요구 조건을 모두 만족시켜 주는 곳이었다. 나는 '내가 하고 싶은 일은 과연 무엇이며, 그것이 가지는 의미는 무엇인가' 하는 따위에는 거의 관심을 가지지 않았다. 그저 일은 적게 하고 월급은 많이 받으면서 '폼 나는' 직장을 선택했던 것이다. 그래서인지 나는 아무리 열심히 일을 하고 인정을 받아도 그렇게 신이 나지는 않았다.

다음날 점심때쯤 천왕봉 정상에 도착했다. '여기에서 우리 민족의 기상이 발원되었다'는 큰 돌 비석에 새긴 글이 눈에 들어왔다. 세상을 발아래 두고 천왕봉 정상에 앉아 있으니 내려가기가 싫어졌다. 등산을 할 때마다 느끼는 것이지만 정상에 올라오면 내려가기 싫어진다. 힘들게 올라왔는데 다시 내려가야 된다고 생각하니 아쉬워지는 것이다. 오늘도 내려가고 싶지 않은 마음에 몇 시간을 앉아서 생각에 잠겼다.

‘답답한 마음을 숨긴 채로 이리저리 눈치를 살피며 이 회사에 끝까지 다닐 것인가?’

‘이 십 년 후의 내 모습은 어떠할까?’

이때 묘한 웃음을 지으며 나를 압박하던 본부장의 얼굴이 갑자기 떠올랐다. ‘아! 이건 아니다. 나도 본부장처럼 틀에 박혀서 다람쥐 쳇바퀴 돌듯이 그렇게 평생을 살아가야 하는 것인가?’ 지금 본부장의 모습이 미래의 나의 모습이라면, 이건 아니다.

나는 서둘러서 짐을 챙겨 하산했다. 여느 때처럼 법계사 아랫마을 중산리에서 막걸리를 한 잔 했다. 지리산 아랫자락 중산리의 막걸리 맛은 언제 마셔도 일품이었다.

휴가를 마치고 출근한 나는 본부장에게 전화를 걸었다.

"사표는 정식으로 인사부를 통해서 제출하겠습니다."

본부장이 무어라고 열심히 말했지만 내 귀에는 그냥 벌떼가 윙윙거리는 소리로만 들렸다. 회사는 벌집을 쑤신 듯했다.

여태까지 회사는 한 번 들어오면 정년퇴직 때까지 다닌다는 것을 자랑스럽게 생각했고 또한 그것을 불문율로 생

각했다. 부득이 중간에 그만두는 사람은 금융 사고를 일으킨 사람 정도였다. 그런데 잘 나가는 지점장이 갑자기 회사를 그만 두겠다고 하니 이 소식은 순식간에 전국 지점에 퍼져 나갔다.

회사의 분위기는 나에게 우호적이지 않았다. 나를 동조하는 사람도 일부 있었지만 대개는 잘난 척하지 말라는 식의 분위기였다. 어디 여기보다 더 좋은 회사에 가는지 두고 보자는 듯한 비아냥거림도 감지됐다. 내가 남아 있는 자의 자존심을 건드린 것인지도 몰랐다. 나는 속으로 자신에게 중얼거렸다.

'나는 하고 싶지도 않은 일에 평생을 얽매이고 싶지 않다. 하면 할수록 신나는 일을 해보자. 답답하게 눈치나 보면서 하고 싶지도 않은 일에 평생 목을 매달지 말자. 그렇다고 어디 가서 굶어 죽기야 하겠나.'

사표를 내고 난 뒤 나는 배낭을 하나 달랑 매고 전국의 사찰을 돌아다녔다. 당 나라의 소정방이 침략해 온 길이라는 뜻의 이름인 부안 내소사(來蘇寺)에서 머리를 식히고 있을 때였다. M그룹 자금담당 최 이사로부터 전화가 걸려왔다.

"김 지점장님. 지금 어디에 있습니까? 오면 온다, 가면 간다, 사람이 입출이 분명해야지 이렇게 핫바지 방귀 빠지듯 말없이 사라져도 되는 겁니까? 앞으로 우리 회사 대출은 어떻게 하라는 말씀입니까?"

사실 M그룹은 지금 사정이 좋았기 때문에 아무런 문제가 없는데도 최 이사는 괜한 너스레를 떨고 있었다.

며칠 후 광화문 모퉁이의 홍어집에서 최 이사를 만났다. 최 이사와 나는 죽이 잘 맞았다. 별일이 없어도 우리는 친구처럼 만나서 홍어회, 삼겹살, 그리고 김치가 어우러지는 삼합을 즐겨 먹었다. 막걸리가 몇 순배가 돌고 나면 으레 최 이사는 나를 보고 금융기관에서 버티는 것이 용하다고 말하곤 했다. 금융기관 체질이 아니라는 것이다. 그럴 때마다 나는 속으로 중얼거렸다.

'내 말이 바로 그 말이야…'

나는 나의 허전함을 알아주는 최 이사가 좋았는지도 몰랐다.

"김 지점장님. 우리 그룹의 회장님이 한번 만나자고 하십니다."

"예? 최 회장님께서요? 나를 만나고 싶어 하신다고요?"

사실 M그룹의 최 회장과 나는 어느 불교 포럼에서 우연히 딱 한번 만난 일이 있었지만 업무상으로는 만날 일이 없었다. 회사 일이라면 M그룹 회장은 우리 회사 본부장이나 사장을 만나야 할 것이다. 나와는 격이 달라도 한참 달랐던 것이다. 나는 최 회장이 나를 만나자는 사실을 선뜻 이해할 수가 없었다.

"예. 김 지점장이 그만 두었다는 것을 아시고 식사나 한번 하자고 하십니다."

그때 주머니 속의 핸드폰이 요란하게 울렸다. 본부장의 전화였다. 나는 핸드폰의 배터리를 떼어 버렸다. 그 뒤로도 일주일 동안 본부장의 전화는 끊이지 않았다. 다시 돌아와서 그 때 발표했던 내용의 프로젝트를 진행해 보라는 것이었다. 그러나 나는 이미 돌아갈 마음이 없었다. 아니 정확하게 말하면 금융기관에서 일하는 것이 이제는 내가 해야할 일이 아니라는 것을 확실하게 알게 되었다.

나는 사표를 낸 후 얼마 동안은 쉬면서 재충전의 시간을 가지려고 했었다. 과연 내가 하고 싶은 일이 무엇인지, 내가 잘 하는 일은 무엇인지, 무슨 일을 하면 재미있을 것인지 등을 고려하여 새로운 직업을 선택하고 싶었다. 그런 가운데 나는 M그룹의 최 회장으로부터 M 청바지 회사의 사장직을 제안 받았다.

나는 심각하게 고민했다.

흔히들 월급쟁이에게는 세 가지 소원이 있다고 한다. 첫째, 자신의 방을 가지는 것이고 둘째, 비서를 두고 있는 것이고 셋째, 기사가 딸린 자동차를 가지는 것이다. 월급쟁이의 세 가지 소원이 한꺼번에 달성되는 이런 좋은 기회가 다시는 찾아오지 않을 것 같았다.

평소에 나는 그 누구보다도 빨리 승진하여 성공한 CEO가 되고 싶어 했다. 샐러리맨으로 시작해서 최고경영자가 되는 것이 나의 꿈이었다. 뿐만 아니라 나는 원래부터 청바지를 몹시 좋아했다. 나는 청바지를 입으면 왠지 자유인이 된 듯한 느낌이 들었다. 제임스 딘의 반항적인 자유가 청바지를 통해 나에게 전해져 오는 듯했다.

그런 내가 청바지 회사의 사장 자리를 제안 받은 것이다. 내가 좋아하는 청바지를 만드는 회사라면 뭔가 다르지 않을까 하는 설렘이 일었고, 재무구조도 좋고 잘나가는 M그룹의 사장이 된다면 나의 미래는 탄탄대로일 거라는 생각도 들었다. 나는 다시 한 번 생각을 정리해 보았다.

'정말로 하고 싶은 일인가?'

'과연 내가 좋아하는 일인가?'

'열심히 일하면 남들 보다 잘 할 수 있는 일인가?'

여러모로 생각을 해 보니 M회사는 이런 조건들을 모두 충족시키는 것 같았다. 나는 결국 최 회장의 제안을 받아들여 16개의 계열사를 거느린 M그룹의 청바지 회사 사장이 되었다.

최 회장이 나를 스카우트한 것은 내가 금융기관에서 거둔 혁혁한 실적 때문이라고 나는 생각했다. 나중에 알게 된 사실이지만 이것은 그저 내 생각에 불과했다. 최 회장은 내가 자랑스럽게 생각하고 있던 실적에 대해서는 조금도 관심이 없었다.

자신이 좋아하고
잘 하는 일을 선택하라

우리의 삶에는 두 가지 종류가 있다. 자신이 살고 싶은 삶과 그렇지 않은 삶이 그것이다. 내가 잘 하는 일, 내가 좋아하는 일을 하게 되면 일을 열정적으로 하게 마련이고 자신이 살고 싶은 삶을 살아갈 수 있다. 정도의 차이는 있지만 자기가 좋아하는 일은 반드시 있다. 유망 분야는 자신이 잘하는 분야다. 세상 사람들이 유망 직종이라고 말하는 것만 뒤따라가서는 진정으로 그 일을 잘 할 수 없다. 자신이 잘하는 분야에서 창의력을 발휘해 스스로 유망 분야를 만들어내야 한다.

4

"공부만 하면 뭐 하나,
열정이 있어야지"

금융기관 지점장에서 청
바지 회사 사장이라, 이 얼마나 화려한 변신인가? 그런데
문제가 있었다. 이런 일을 두고 좋은 일과 나쁜 일은 혼자
다니지 않는다고 하는 것인가.

M 회사의 사장을 맡은 지 얼마 안돼서 나는 M회사가 엄
청난 부채를 껴안고 있다는 사실을 알게 되었다. 사장실에
출근하기 전까지만 해도 M 회사의 재무 구조는 철저히 베

일에 가려져 있었다. 그룹 전체가 안정적으로 운영되고 있었기에 당연히 M 회사의 재무구조도 좋을 줄 알았는데 그게 오산이었다.

그룹은 전체적으로 건실하게 잘 운영되고 있었으나 유독 M 청바지 회사만이 부실했다. M 회사의 부채는 그룹 전체 부채의 삼분의 일에 육박했다. M 회사는 벼랑으로 치닫고 있는 셈이었다. 그런데도 최 회장은 M 청바지 회사를 정리하거나 구조조정하기는커녕 오히려 나에게 경영을 맡긴 것이었다. 이 모든 사실을 알게 된 나는 최 회장에게 독대를 요청했다.

"회장님, 이 상태로 가면 그룹 전체가 위태롭게 됩니다. 썩은 팔과 다리는 과감히 잘라버려야 생명을 유지할 수 있습니다. M 회사는 제가 다각도로 검토해 본 결과 소생이 불가능합니다. 하루 속히 결단을 내리셔야 합니다."

머리가 희끗한 회장은 태연하게 내 말을 경청했다. 그러고는 입을 열었다.

"김 사장, 내가 당신을 여기로 부른 이유가 무엇이겠나? 그 회사를 소생시키는 것이 쉬운 일이라면 우리 회사의 임원으로도 충분해. 내 밑에는 쟁쟁한 유학파 MBA 출신들이 수십 명이나 있어. 하지만 그들은 모두 이 청바지 회사를 회생시킬 수 없다고 하더군. 내가 사장직을 줄 테니 그 회사를 회생시켜보라고 했는데 다들 하나같이 발뺌을 하더군. 그렇게 공부를 많이 한 사람들이 사장직을 준다는 데도 왜 나서질 않는지 이해가 되지 않아. 껄껄."

회장은 온갖 풍상을 다 이겨내고 수십조 원 대의 그룹을 일궈낸 사람답게 여유를 잃지 않았다. 팔순을 앞둔 회장의 얼굴에는 검버섯이 서서히 돋아나고 있었다. 하지만 얼굴 전체로는 윤기가 흘러내리고 있었다. 놀랍게도 이마만을 제외하면 주름도 거의 보이지 않았다.

최 회장은 맨손으로 그룹을 일구어낸 전설적인 인물이었다. 자그마한 점포에서 시작해 유통, 건설, 음료, 광고 등에 이르기까지 16개의 계열사를 거느린 그룹의 총수였다. 최 회장은 찢어지게 가난한 집안에서 자라난 탓에 초등학교 문턱에도 못 갔다. 그는 재계에서 입지전적인 인물로 통하고 있었다.

"자네도 알다시피 난 초등학교도 안 나왔지만 수십조 원

대의 그룹 총수가 되었네. 그런데 말이야, 내가 보기엔 요즘 젊은이들이 공부는 많이 했어도 뭔가 하나가 빠진 듯해. 그게 뭔지 아나?"

"……."

"그건 바로 열정이네. 공부만 많이 하면 뭘 하나? 그걸 써먹으려면 열정이 있어야지. 그냥 주어진 것만 반듯하게 한다면야 그렇게까지 힘들여 공부할 이유가 뭐가 있겠어? 한국에서 둘째가라면 서러워 할 인재들이 도전정신이 부족해. 기회가 주어져도 도무지 나서질 않으니 말이야. 내가 적극적으로 지원을 해주겠다는데도 무엇이 두려워서 그렇게들 벌벌 떠는지 모르겠어! 왜 M 회사 사장을 맡겠다고 나서질 않는지 모르겠군."

최 회장은 잠시 자리를 고쳐 앉고는 말을 이어갔다.

"자네가 나를 찾아올 줄 진작부터 알고 있었네. 그러나 나의 생각은 예나 지금이나 달라진 게 없네. 경영은 숫자가 아니라 열정일세. 나에게 있어서 기업은 나의 인생이며 내 삶의 열정이 녹아있는 곳이라네. 열정만 있다면 안 될 것이 없다고 나는 생각하네. 자네도 그저 숫자에 얽매여 전전긍

궁하지 말고 열정의 눈으로 회사를 새롭게 바라보게. 경영의 돌파구를 찾을 수 있을 걸세. 그리고 사람에게서 진정한 경영의 해법을 찾아보게. 그러고 보니 한 가지 기억나는 게 있군. 자네 지난 번 회사에서 가장 친한 후배 직원을 그만두게 한 적이 있었지?"

나는 깜짝 놀랐다.

"회장님께서 어떻게 그걸……."

내 질문에는 아랑곳하지 않고 최 회장은 자신의 말을 이어갔다.

"자네는 그 후배와 제주도에 갔었다지. 성산포 포구에서 낮술을 마시면서 자네와 그 후배가 대성통곡을 하면서 울었다는 이야기를 들었네. 그러고는 서울로 올라와서 그 후배는 사표를 냈다지?"

"……."

나는 가슴이 시려서 아무 말도 할 수 없었다.

그 후배는 나의 대학 후배이자 직장에서도 친동생처럼 절친했던 송 대리를 말하는 것이었다. 송 대리는 그 당시 슬롯머신에 빠져 있었다. 송 대리는 계속되는 도박에 정신이

나가서 급기야는 공금에 손을 대었다.

나는 서둘러 대출을 받아서 송 대리가 횡령한 공금을 메워 놓고 송 대리와 함께 제주도로 향했다. 송 대리와 어떤 이야기를 나누었는지는 구체적으로 기억이 나지 않지만 송 대리는 사표를 내겠다고 했고 나도 그러는 것이 좋겠다고 했다. 그리고는 낮술을 마시며 서로 부둥켜안고 엉엉 울었던 것이다.

'그런데 최 회장이 이런 사실을 어떻게 알고 있을까?'

이런 나의 기분은 아랑곳 하지 않고 최 회장은 말을 계속 이어갔다.

"난 그동안 많은 인재를 살펴왔는데 자네가 적임자라고 생각하네. 뛰어난 경영 능력을 발휘하는 인재는 내 주위에도 수두룩하네. 하지만 다들 기업은 기업이고 사람은 사람이라는 이분법에서 벗어나질 못했어. 난 진심으로 사람을 위하는 자네의 태도에서 가능성을 보았네. 나는 자네가 충분히 M 청바지 회사를 살릴 수 있으리라 믿어 의심치 않네. 내가 오늘 자네에게 말해줄 수 있는 것은 사람과 기업은 둘이 아니라는 사실일세. 사람에게서 해법을 찾아보게."

최 회장의 태도는 너무나도 단호했다. 조금의 망설임도 없었다. 나는 회장실로 들어갈 때만해도, 회생 불가능한 M 회사를 나에게 맡긴 이유가 무엇이냐고 항변하려고 했었다. 하지만 노 회장의 너무나도 의연한 태도는 오히려 내가 잘못된 것은 아닌지 되돌아보게 하였다.

"자네에게 딱 일 년의 시간을 주겠네."

회장실에서 돌아온 나는 한참 동안 멍하니 자리에 앉아 있었다. '이제 M 회사의 운명은 나에게 달린 것인가?' 갑자기 두려움으로 뒷덜미가 뻣뻣해졌다.

지금 이 자리에서
열정을 발휘하라

열정은 강력한 에너지이다. 기업가, 과학자, 작곡가, 작가, 심지어 구두수선공에 이르기까지 어떤 한 분야에서 성공한 사람들은 모두 열정을 발휘한 사람들이다. 열정은 강력한 에너지를 가지고 있다. 이 에너지는 나의 태도와 행동에 힘을 불어 넣는다. '지금 이 자리'에서 열정을 발휘하라. 내일은 없다. 내일이란 오늘 생각하는 관념 속의 '내일'일 뿐이다.

5

바쁠수록 쉬어가라, 칼 퇴근

나는 우선 임원 회의를 열기로 했다. 막대한 부채를 지게 된 원인을 분석해보고 어떻게 하면 경영을 정상화시킬지에 대해서 토의하는 것이 주요 목적이었다. 약속된 날에 회의실을 찾은 임원들은 모두 나보다 열대여섯 살 위였다. 슬쩍 임원들의 표정을 보니 나를 애송이로 취급하는 듯했다.

명문대 유학파 출신도 아니고, 또한 회사를 경영해본 적도 없는 그야말로 내세울 게 하나도 없는 그렇고 그런 젊은 친구가 사장이 되었으니 한심하다는 눈치들이었다. 자신들은 그 회사에서 20년씩이나 젊음을 바쳐 일했는데 얼토당토 없이 새파랗게 젊은 놈이 낙하산으로 내려오니 살맛이 안 난다는 표정들이 역력했다.

간단히 인사를 끝내고 회의를 시작했다. 그러자 기다렸다는 듯이 마케팅실 배 상무가 항변 투로 말문을 열었다.

"우리 회사가 다른 계열사보다 뒤처지는 것은 다 이유가 있습니다. 우리 문제가 아닙니다. 그룹에서 사람을 뽑으면 유능한 인재는 다른 계열사에서 다 챙겨 가버리고 우리 회사에는 실력이 없는 사람들만 들어옵니다. 이래 가지고서야 무슨 일을 할 수 있겠습니까?"

그러자 영업부 권 이사가 입을 열었다.

"배 상무님 말씀이 백 번 맞습니다. 저희 부서에도 제대로 된 인재가 한 명도 들어오지 않으니 도무지 무슨 일을 해보려고 해도 엄두가 나지를 않습니다. 일을 같이 해볼 만한 사람이 있어야지요."

디자인실 김 이사도 나섰다.

"계열사 J 기획에는 유학파 디자이너들이 대거 포진해 있습니다. 그런데 우리 디자인실에는 단 한 명도 유학파 디자이너가 없습니다. 이러니 제대로 된 디자인이 나올 리가 만무하지 않습니까? 패션의 생명은 디자인 아닙니까?"

다른 임원들도 모두 고개를 끄덕이며 동조를 했다. 그들은 노골적으로 드러내놓고 말하지는 않았지만 M회사의 막대한 부채의 원인은 자신들의 탓이 아니라 그룹의 인사정책 때문이라고 말하고 있었다. 잠자코 있다가 내가 입을 열었다.

"그럼, 왜 우리 회사는 좋은 인재를 선택할 수 없는 겁니까? 처음부터 이렇게 부당한 일이 있었습니까?"

"그건…… 처음부터 그런 건 아닙니다. 제 기억으로는 우리 회사가 다른 계열사보다 수익이 저조해지면서 차츰 선택권이 없어진 것입니다."

"그렇다면 그룹이 우리 회사를 차별하는 것은 아니지 않습니까? 여러분도 높은 성과를 거두는 부서에 유능한 직원을 배치하고 싶을 게 아닙니까? 이것은 현재 우리 회사가 파국으로 치닫게 된 근본 원인이라고 말할 수는 없습니다.

그건 지엽적인 원인에 불과합니다. 또한 변명하는 것에 지나지 않습니다. 이제 저와 여러분은 남을 탓하기 전에 우리 자신에게서 문제의 원인을 찾고 그것을 해결하는 데 만전을 기해야 합니다."

하지만 계속해서 임원들은 쓸 만한 인재가 없다고 불평만 하고 있었다. 좀 전에는 그룹의 인사정책에 대해 화살을 날리더니, 이제는 회사 내부의 타 부서를 비난하기 시작했다.

"엄밀히 말씀 드리면 저희 영업부는 다른 부서에 비해 꽤 많은 성과를 거두어 왔습니다. 시장 확보를 위해 얼마나 많은 노력을 하는지 아십니까? 그런데 디자인실은 출퇴근 시간도 잘 안 지키고 잡담만 하면서 시간을 때우고 있지 않습니까?"

영업부 권이사의 말이 끝나자 디자인실 김 이사가 경직된 얼굴로 대응했다.

"권 이사님은 디자인실의 생리를 잘 몰라서 그렇습니다. 우리 부서 직원들이 출퇴근 시간도 안 지키고 잡담만 한다고요? 그럼, 우리 회사에서 디자인실만큼 야근을 많이 하는 부서가 어디 있는지 말씀해보세요? 디자인실만큼 열심히 일하는 곳도 없습니다. 오히려 영업부야말로 농땡이를 피우고 있잖아요? 영업부는 한번 외출하면 어디로 가는지 도무지 연락도 되지 않고 시간만 되면 칼 퇴근하지 않습니까? 저는 영업부가 한 번도 야근하는 것을 본 적이 없습니다. 그래도 할 말이 있습니까?"

권 이사의 얼굴이 붉으락푸르락 변해갔다.

"청바지를 제대로 만들어야 우리가 영업을 할 수 있는데, 디자인실에서 오일 시장의 핫바지처럼 만들어 놓으면 그걸 어떻게 팔 수 있습니까?"

"뭐요? 오일 시장의 핫바지. 이제 보니 권 이사의 안목이 오일 시장 수준 밖에 안 되는 사람이었군 그래. 그런 구닥다리 감각을 가진 사람이 영업을 하고 있으니 청바지가 제대로 팔릴 수가 있나?"

회의는 점점 인신 공격성 발언으로 치달아갔다. 아무리 임원들이 사장보다 나이가 많다고 해도 내가 나서기만 한다면 임원들의 소모적인 대화를 얼마든지 제지할 수 있었다. 하지만 나는 어느 정도 지켜보기로 했다. 그러는 가운데 임원들 개개인의 성향이나 그들 사이에 가로놓인 마음의 벽이 무엇인지 알아보았다.

영업부 권 이사가 다혈질의 성향을 보였다면, 디자인실 김 이사는 섬세하면서도 고집이 세어 보였다. 다른 부서보다 특히 이 두 부서간의 의견 충돌이 심한 듯했다. 생산부 홍 이사는 다소 과묵해 보였고 배 상무는 이들의 충돌을 부채질하는 듯했다.

회의는 애초에 의도했던 대로 건설적인 방향으로 흘러가지 못했다. 임원들은 패배주의에 사로잡혀 있었고, 문제를 해결하기보다는 남에게 핑계를 돌리려고만 했다. 그들은 사태를 이성적이고 분석적으로 접근하기보다는 즉흥적이고 감정적으로 대응하기만 했다.

한참 만에 나는 입을 떼었다.

"첫술에 배부를 수는 없는 법입니다. 오늘 여러분이 제시한 귀중한 의견들은 잘 기억해두었다가 새로운 정책을 수립하는 데 반영하도록 하겠습니다."

사실 그날 회의에서는 나름대로 원인 분석과 대책이 제시되기도 했다. 하지만 내 기준으로 볼 때 그것은 전혀 쓸모가 없어 보였다. 임원들 이야기의 결론은 지금의 직원들로서는 회사의 소생이 불가능하다는 것이었다.

첫 임원 회의에서는 겉으로 내색을 하지 않았지만 속으로는 불이 타올랐다. 풍랑 속에서 곧 배가 뒤집히려는 위기 상황을 맞고 있는데, 선장과 선원들은 갈팡질팡하고 있는 것이었다. 선장을 중심으로 선원들이 일사불란하게 움직여도 배가 제 위치로 갈까 말까인데, 다들 남의 탓만 하고 있었다.

게다가 배는 절대 원상태로 돌아갈 수 없다고 체념하고만 있었다. 누구도 자신에게서 원인을 찾지 않고 남에게 원인을 돌리고 있었다. 이런 상황에서 나까지 불편한 감정을 노출한다면 사태는 더욱 악화될 것이 뻔했다.

아무런 소득을 거두지 못한 채 임원회의를 끝내자마자 매장을 둘러보았다. 전국에는 매장이 1백 여 개나 있었다. 그 가운데에서 규모가 큰 매장 십여 개를 둘러보았다. 우리 회사 매장이 있는 번화가에는 어김없이 다른 회사의 매장들도 자리를 차지하고 있었다. 우리 회사 매장을 비롯해 수십여 개의 화려한 매장들이 현란한 쇼 윈도우를 통해 소비자의 시선을 끌고 있었다.

매장들마다 젊은이들이 북적거리고 있었지만 우리 매장만 손님의 발길이 뜸했다. 겉으로 보면 다른 매장에 비해 인테리어가 뒤처진 것도 아니었다. 도대체 무엇이 문제란 말인가? 나는 직접 현장의 목소리를 듣고 싶었다. 그래서 매장 판매사원들과 회식을 하기로 했다.

회식 자리에서 판매사원들은 별 말이 없었다. 그들은 소소한 일상의 이야기만 꺼내놓고 저희끼리 웃기만 했다.

그러다가 한 여직원이 TV를 보더니 혼잣말을 했다.

"몇 년 만에 드라마를 보는지 모르겠네."

나는 그 여직원에게 말을 걸었다.

"집에 TV가 없습니까?"

그러자 판매사원들이 까르르 웃음을 터뜨렸다. 나는 영문을 몰랐다. 그런 나를 보고 꽤 나이 들어 보이는 아줌마 직원이 말했다.

"사장님, 아직 그것도 모르셨나요? 우리는 저녁 10시에 퇴근하기 때문에 드라마를 볼 수가 없어요. 가족하고 함께 저녁 식사를 하는 것도 밤하늘의 별 따기나 마찬가지에요."

그제야 나는 상황을 파악할 수 있었다. 그날 나는 여직원들과의 회식을 통해 직원들이 늦게 퇴근한다는 것이 무엇을 의미하는지를 새삼스럽게 깨닫게 되었다. 이 점은 평소 칼 퇴근을 주장하던 나에게는 커다란 부담이었다. 회사의 영업구조가 칼 퇴근을 불가능하게 하는 구조였다. 나중의 일이지만 여기서 일화를 하나 소개할까 한다.

우리 회사는 영업 특성상 늦게까지 근무를 해야 한다. 그래서 나는 퇴근 시간이 늦는 대신 출근 시간을 두 시간 뒤로 늦추기로 했다. 사실 아침 시간에는 손님이 별로 없다. 그래서 11시에 매장을 오픈하고 직원들은 10시 30분까지 출근하도록 전국 매장에 지시를 내렸다. 그런데 지방의 D라는 점장이 내 지시를 듣지 않았다. D점장은 직원들에게 예전대로 8시 30분까지 출근하도록 강요했다. 나중에 알게 됐지만 그의 주장은 이랬다.

"사장님은 우리의 실정을 몰라서 탁상 행정을 하는 것이다. 실제로 일찍 일어나는 새가 먹이를 많이 주워 먹듯이 매장을 일찍 오픈하면 그만큼 매출이 많이 오른다."

그 매장의 출근 시간은 예전 그대로 이어졌고, 또 그것은 비밀에 붙여졌다. 이 사실을 알게 된 나는 서면으로 D점장에게 경고를 했다. 그러나 D점장은 매출에 따라 자신의 급여가 달라지는 인센티브 시스템을 이유로 들어 끝내 자신의 소신을 굽히지 않았다. 결국 나는 D점장을 서울로 불러 들였다.

"요즘 수고 많으시지요? 열심히 하신다는 이야기를 들었습니다."

그러자 그의 얼굴에 미소가 흘렀다. 그의 표정을 보니 속마음까지 훤히 들여다보였다.

'그럼 그렇지, 사장님도 겉으로만 직원들의 복리후생 운운하면서 울며 겨자 먹기로 출근 시간을 늦추었을 뿐이야. 정작 속으로는 더 많은 시간 동안 일하기를 바라는 거라구.'

나는 개의치 않고 D점장에게 질문을 던졌다.

"점장님은 여유 있는 아침 출근 시간에 특별히 하는 것이라도 있습니까?"

"전 그냥 집에서 쉽니다."

"그렇다면 직원들은 아침에 뭘 하는 것 같습니까?"

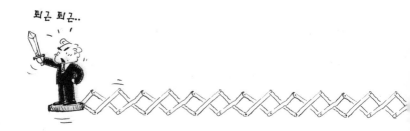

퇴근 퇴근..

D점장의 얼굴이 굳어갔다. 그의 경직된 표정을 보면서
내가 말했다.

"점장님, 저는 직원들의 행복이 회사의 발전과 무관하지
않다고 생각합니다. 아침에 두 시간의 여유가 있다면 직원
들은 자신을 위한 행복한 시간을 만들 거라고 봅니다. 실제
로 다른 지점에서는 출근 전의 여유 시간에 요가를 하기도
하고, 영어회화를 배우기도 하고, 꽃꽂이를 배우기도 한다
고 들었습니다. 그런데 점장님은 왜 그들의 행복한 시간을
뺏으려고 합니까?"

D점장과 오랫동안 이야기를 주고받았지만, 그의 입장은
조금도 변하지 않았다. 매출이 떨어지면 자신의 급여도 낮
아진다는 것이 이유였다. 나는 그에게 내 지시를 반드시 따

를 것을 주문했다. 그러자 안타깝게도 D점장은 집으로 돌아간 지 얼마 지나지 않아 사표를 냈다. D점장은 자신의 잘못된 소신을 끝까지 굽히지 않았던 것이다. 그런데 D점장뿐만 아니라 많은 사람들이 출퇴근 시간에 대해 잘못된 생각을 하고 있었다.

출근 시간과 관련된 이야기를 하다 보니 금융기관에 있을 때의 일이 기억난다. 내가 처음 지점장으로 근무할 때다. 나는 혁신을 시도하면서 퇴근 시간을 엄수할 것을 원칙으로 삼았다.

무슨 뚱딴지같은 소리냐고 반문할 지도 모르겠지만 나는 직원들에게 칼 퇴근을 요구했다. 그러면서 직원들의 업무량을 일일이 체크했다. 근무 시간에 집중해서 일을 하면 충분히 해 낼 수 있는 업무량이었다. 나는 근무시간에 열심히 일하고 나머지 퇴근 이후의 시간은 자신을 위한 시간으로 소중하게 쓰라고 직원들을 독려했다.

나는 스스로 모범을 보이기 위해 6시가 될 무렵이면 지점장실 앞에서 서성거리다가 6시 정각이 되면 칼같이 사무실을 나왔다. 그랬더니 직원들은 근무시간에 빈둥거리지 않고 집중해서 일하기 시작했다.

칼 퇴근을 한 직원들은 퇴근 후에 꼿꼿이 학원이나 회계 학원에 다니기도 했고 연애에 열중하기도 했다. 칼 퇴근은 결국 업무 효율 증가로 연결되었으며, 이를 바탕으로 우리 지점은 전국 최우수 지점 상을 세 번이나 연속 수상했다.

칼 퇴근에 대해 나와 다른 견해를 가진 사람들도 많았다. 그들의 생각은 이랬다.

'직원들은 업무 시간에 빈둥거리고 개인적인 용무를 몰래 보기도 하기 때문에 그 시간을 벌충하려면 불가피하게 야근을 시켜야 한다. 그리고 늦게까지 일을 시키면 시킬수록 실적이 올라간다.'

그러나 그것은 순서가 바뀐 것이다. 지점장이 근무 시간에 개인적인 용무로 외출을 갔다 와서 늦게까지 일을 시키거나, 빈둥거리다가 저녁에 늦게 일거리를 맡기니까 직원들은 늦게 퇴근할 수밖에 없는 환경에 적응하는 것뿐이다. 직원들은 늦게 퇴근하기 때문에 어쩔 수 없이 근무 시간에 개인적인 용무를 처리하기도 하고 빈둥거릴 수밖에 없는 것이다.

나는 신입사원 때부터 이런 경험을 많이 했다. 때로는 직원의 수가 부족하여 어쩔 수 없이 늦게까지 야근을 하는 경우도 있다. 그러나 이 경우에도 직원들은 어쩔 수 없는 환경에 적응하는 것뿐이었다.

칼 퇴근을 해 보라. 얼마나 업무 능률이 오르는지를 경험할 수 있을 것이다. 그래서 나는 줄곧 칼 퇴근을 강조했다. 시간이 지나면서 어김없이 실적이 올라갔다. 직원들은 자신들을 믿어주고 인정해 주면 반드시 그에 대한 보답을 한다. 이것은 나의 경험으로 입증된 사실이다.

칼 퇴근은 단순히 정시에 퇴근한다는 의미가 아니다. 실제로 칼 퇴근을 강조했더니 직원들은 업무 방식을 개선하기 시작했다. 처음에는 단순히 퇴근 시간 전까지 일을 마치기 위해서 업무에 집중하였는데 이는 업무 방식의 혁신을 가져왔다. 칼 퇴근을 하기 전에는 저녁 11시까지 해야 겨우 마치던 일을 칼 퇴근을 시작한지 2주일 후에는 업무를 오후 4시에 마칠 수 있게 되었다.

바쁠수록 쉬어가라

여가는 창의력의 원천이다. 놀 줄 모르는 사람은 시대의 흐름에 역행하는 사람이다. 무언가를 창조해야만 살아남는 지식 사회에서 가장 중요한 덕목이 바로 여가다. 산업사회는 노동하는 인간의 시대였지만 현대는 놀이하는 인간의 시대다. 창의성은 지식의 주입에서 오는 것이 아니라 놀이에서 온다. 일을 놀이로 만들 때 비로소 창의성도 싹트기 때문이다. 칼 퇴근을 하라. 그러면 일의 집중도가 높아질 뿐 아니라 여가를 이용해 창의력도 함양할 수 있다. 칼 퇴근은 회사와 내가 '윈-윈' 하는 방법이다.

6

공주는 태어나는 게 아니라
만들어진다

어느 새 한 달이 흘렀다. 그 동안 나는 회사의 현황 파악을 모두 마쳤다. 간부들과의 회의, 각종 통계 자료와 보고서, 거래처 사장과의 면담, 전국의 매장 점검 등을 토대로 내가 내린 결론은 우리 회사가 수백억 원의 부채를 지게 된 것은 당연하다는 것이었다. 그렇지 않은 게 오히려 비정상이라고 생각될 정도였다.

물류창고에는 재고가 넘쳐났고, 생산 원가는 경쟁사들

보다 평균 30% 정도 높았으며, 하청업체들의 충성도는 바닥이었다. 게다가 시즌 상품이 시기를 놓치며 출시되는 일이 다반사라 매장 직원들의 원성이 이만저만한 것이 아니었다.

직원들은 모두 불만투성이였고 심각한 패배의식에 젖어 있었다. 그저 하루하루를 연명해 가고 있었다. 문제는 해결책인데, 도저히 그것을 찾을 수 없었다. 이 말은 곧 이 회사는 하루빨리 문을 닫아야 한다는 말이나 다름없었다. 당장에 손을 볼만한 곳이 전혀 없는 것은 아니었지만 그것은 지엽적인 문제에 지나지 않았다. 현재 상황에서는 좀 더 근원적인 대책이 요구되었다. 그렇지 않은 땜질식 처방은 '주말 대청소'에 불과할 것이었다.

보다 근본적이며 구조적인 개혁이 수립되어야만 벼랑 아래로 추락하기 직전의 회사를 살릴 수 있다고 나는 판단했다.

나는 내가 아는 인맥을 총동원하여 해법을 모색했다. 대학교수, 은행 기획실에 있는 동창, S 경제연구소 소장 등을 가리지 않고 찾아다니며 자문을 구했다. 그러나 그들에게서 돌아온 대답은 한결 같았다.

"현재 상황으로 볼 때 M 청바지 회사는 회생 불가능한 것으로 파악됩니다. 회생 가능성은 단 1%에 지나지 않습니다."

대학 교수는 이랬고,

"자네, 사장이 됐다고 동창들이 축하하고 난리를 피운 게 엊그제였는데……. 사실은 그게 그렇지 않았구먼. 사실 M 그룹의 재무구조와 대외 이미지가 좋은 것과는 달리 M 청바지 회사는 적자였어. 하지만 나도 이 정도일 줄은 꿈에도 몰랐네. 자칫 잘못하면 그룹 전체에 위기를 가져다 줄 수도 있을 걸세."

은행 기획실에 근무하는 동창은 이랬으며,

"각종 자료와 통계 수치를 종합해 본 결과 M 청바지 회사는 하루 빨리 정리하는 것이 좋을 것으로 보입니다. M 청바지 회사의 경우는 우리나라의 그룹이 가지고 있는 전형적인……."

S 경제 연구소 연구소장은 이랬다.

참으로 암담함 그 자체였다. 그 어디에서도 우리 회사를 살릴 길을 찾을 수 없었다. 다만 최 회장만 예외였다.

'도대체 최 회장님은 어떤 이유로 나에게 다 망해가는 회사를 맡겼을까? 최 회장님도 이제 나이가 들어 판단력이 흐려지는 게 아닐까? …… 설마, 그럴 리가 없지. 다른 계열사는 다 잘 돌아가고 있잖아?' 나는 어디에서 해결의 실마리를 찾아야 할지 도무지 알 수가 없었다. 한 가지 분명한 사실은 주말 대청소식의 땜질식 처방은 오히려 상처를 더 곪게 할 뿐이라는 것이다.

머리가 복잡해진 나는 수첩에서 손바닥 복사한 것을 꺼냈다. 억세게도 운이 안 좋은 나의 손금이 적나라하게 드러났다. 언제나처럼 이번에도 그 손바닥을 응시하고 있으니 묘한 기분이 들었다.

'움켜쥐려고 하면 빠져 나가 버리고, 자연스럽게 펴고 있으면 모든 것을 담을 수 있다.'

'나는 과연 무엇을 움켜쥐려고 하고 있는가? 나는 과연 무엇을 놓아 버려야 하는가?'

나는 월급쟁이의 3가지 소원을 움켜쥐기 위해서 M회사에 왔다. '이것을 놓아 버려야 한다는 것일까?'

갑자기 최 회장의 얼굴이 떠올랐다.

'최 회장은 단지 나에게 이 3가지를 보장해주려고 나를 스카우트한 것은 아닐 것이다.'

거듭해서 최 회장이 나에게 위기에 처한 회사를 맡긴 이유에 대해 생각해보았다. 모든 사람들이 부정적인 견해를 가졌지만 최 회장은 분명히 이 회사를 회생시킬 수 있다고 믿고 있었다. 그리고 나에게 그 임무를 맡겼다. 이제 나는 그 해답을 찾아야 한다. 그런데 M회사는 나에게 어떤 희망도 보여주질 않는다.

'자연스럽게 펴고 있으면 모든 것을 담을 수 있다?'

어쩌면 이 말 속에 해답이 있지 않을까 하는 생각이 들었다.

최 회장은 회사를 숫자로만 보지 말고 열정의 눈으로 보라고 했고 또 사람에게서 경영의 해법을 찾으라고도 했다.

'그렇다. 나에게는 백만 대군 같은 1,000여명의 직원들이 있지 않은가?'

비록 임원들은 제대로 된 인재가 없다고 푸념을 하고 있지만 나에게는 천군만마가 될 수도 있다. 전 직원이 하나가 되어 자신들의 역량을 최대한 발휘한다면 못할 것도 없다는 생각이 들었다.

'그렇다. 직원들의 역량을 최대한 발휘할 수 있는 방법을 찾으면 된다!'

우스갯소리같이 들릴지 모르지만 나는 갑자기 손오공이 싸우는 방법을 떠올렸다. 손오공은 싸우다가 불리해지면 자신의 머리카락을 한 움큼 뜯어서 훅 하고 입김을 분다. 그러면 그 머리카락들은 손오공의 분신으로 변한다. 손오공은 수백 마리의 분신과 합심해서 적과 싸운다. 물론 승리는 손오공의 것이다.

'성공하는 리더는 혼자 뛰지 않는다.'

1,000여명의 직원이 모두 사장이 되어 사장처럼 생각하고 일한다면 안 될 일이 없다는 이야기다. 최 회장이 사람에게서 해답을 찾으라고 하는 것이 바로 이것은 아닐까?

성공하는 사람은
혼자 뛰지 않는다

　주변 사람이나 동료들이 모두 함께 능력을 발휘할 수 있도록 하는 것이 리더에게 요구되는 자질이다.

　리더십이란 보통 사람을 훌륭하게 만들고, 너와 내가 모두 잘 할 수 있게 만드는 것이다. 리더십이란 인간관계의 본질을 이해하고 인간관계를 통하여 우리 모두를 행복하게 하는 것이다.

7

행복을 여는 아침 인사

'사람에게서 해답을 찾아라'

나는 최 회장의 이야기를 몇번이고 곱씹어 보았다. 그러자 갑자기 대학 시절 불교 동아리 활동을 할 때 자주 다니던 선원이 떠올랐다.

'마하보리 선원'

선원의 지도법사는 무애 스님이었다. 스님에게는 재미있는 일화가 하나 있다. 무애 스님이 산속에서 내려와 도심에

둥지를 틀게 된 연유에 관한 것이다. 산속에서 수행을 하던 무애 스님에게 어느 날 의문이 찾아왔다.

'왜, 사람으로 태어나서 사람들을 벗어나 깊은 산중에서 목탁을 두드리고 염불을 해야 하는 걸까? 꼭 세속을 벗어나야만 깨달음의 길을 갈 수 있는 걸까?'

그 길로 무애 스님은 바랑을 챙기고 하산했다. 스님은 서울에서도 사람들이 제일 많이 북적이는 시장 하나를 골라 시장 한가운데에 자리를 펼치고 앉았다. 그러고는 깊은 산속에서 일 년 삼백육십오일 그래왔던 것처럼 목탁을 두드리며 염불을 하기 시작했다.

'나모라 다나 다라야야 나막 알약 바로기제 새바라야 모지 사다바야……'

무애 스님의 염불 소리는 장사치들의 고함소리, 자동차 엔진 소리, 텔레비전 소리 등에 묻혀 버렸다. 보통 사람으로서는 주변의 시선 때문에 집중을 할 수 없을 지경이었다. 그런데 놀라운 일이 벌어졌다. 깊은 산속 적막한 사찰에서

처럼 염불이 잘 되는 것이었다. 무애 스님은 오히려 시끌벅적한 시장 속에서 더 마음이 편안해졌다. '신묘장구대다라니'가 수백 번, 수천 번 이어지면 이어질수록 목소리는 더 맑아지고 온몸에 따스한 온기가 퍼져나갔다. 그렇게 되자 선택의 여지가 없었다. 무애 스님은 시장 입구 모퉁이에 선원을 차렸다.

나는 회사의 일상에서 벗어나 머리도 식히고 무애 스님의 안부도 물을 겸해서 주말을 이용해 마하보리선원을 찾았다. 스님을 통해 문제의 해답을 찾아볼 요량이 더 앞섰던 게 사실이다.

십여 년 전의 기억을 되살려 선원이 있는 시장으로 들어와 보니, 예전의 모습은 전혀 찾아 볼 길이 없었다. 새 고층 건물도 많이 들어서 있었고, 시장 한 가운데로 2차선 포장 도로도 펼쳐져 있었다. 전에는 납작한 이층 건물과 좌판을 깐 상인들, 그리고 시멘트로 대충 발라놓은 길이 전부였는데, 세월이 모든 것을 바꾸어놓았다.

차를 몰고 시장을 서너 차례 돌던 끝에 예전에 선원이 있던 건물을 찾아냈다. 선원은 십여 년 전의 세월을 고스란히

간직한 채 그 자리를 지키고 있었다. 아직 낮 시간이라 그런지 선원 안에는 사람을 찾아볼 수 없었다. 한복판에 놓여있는 불상이 눈에 들어왔다. 나는 두 손을 합장하고 큰 절을 올렸다. 절을 올리고 나서 다시 합장을 하는데 뒤에서 인기척이 느껴졌다. 무애 스님이었다.

"잘 지내셨습니까? 스님."

"음, 누구시더라."

무애 스님은 예전처럼 정정한 모습이었다.

"저, 김현수입니다. 현수."

"김현수라……."

무애 스님은 내 얼굴을 찬찬히 들여다보았다. 그러고는 이내 나를 알아봤다.

"아, 현수! 맞아, 현수구나."

"……."

"그래, 그 동안 소식이 없었는데 웬일인가?"

무애 스님은 자상하기 그지없는 분이지만 겉으로는 그것을 내색하지 않았다. 처음 무애 스님을 본 사람들은 스님을 냉정하고 거친 사람으로 생각하기도 했다. 나는 무애 스님과 함께 응접실로 가서 그간의 이야기를 나누었다.

십여 년의 세월도 스님 앞에서는 무력한 것인지, 무애 스님의 얼굴은 하나도 변한 것이 없어 보였다. 윤기 흐르는 피부며, 발그레한 뺨은 이십대 청년으로 착각할 정도였다. 다만 눈빛만은 보통 사람과는 달리 깊은 우물처럼 끝 모를 깊이를 담고 있었다.

"스님은 하나도 변한 게 없으시네요?"

"허허, 제행무상이거늘 나라고 변하지 않고 배기겠나?"

"스님이 너무 젊고 건강하셔서 드리는 말씀입니다."

"그래, 좋게 보아주니 고맙군 그래. 자네는 살도 많이 찌고 머리숱도 적어졌구먼."

역시나 격식을 싫어하는 무애 스님의 직설적인 어법이었다.

"스님, 그래도 제 친구들 중에서는 제가 제일 나은 편입니다. 친구들 모두 배불뚝이가 되고 대머리가 되고 새치 머리가 나는 통에 나이를 속일 수 없습니다. 전 그래도 운동을 틈틈이 해와서요."

"자네, 넉살은 여전하구만. 껄껄"

무애 스님이 빈 다기에 녹차를 따라 내게 주었다.

"스님, 요즘 회사도 어렵고 마음도 심란해서 머리도 식히고 스님의 가르침도 들을까 해서 이렇게 불쑥 찾아왔습니다."

"회사 문턱에도 가 본 적이 없는 내가 어떻게 회사의 일에 대해 알겠나?"

"스님, 그러시지 말고 한 말씀 해주시지요."

"자네는 여전히 집요하구먼. 그렇다면 한마디 하지. 나는 회사에 대해서는 문외한이네만, 회사도 역시 사람들이 모여서 일하는 곳이니까 '관계'에서 그 해답을 찾아보는 게 어떨까!"

"관계라고 하셨습니까?"

"그래. 지금은 인터넷의 시대 아닌가? 이를 달리 네트워크의 시대라고 하지 않나? 그 네트워크라는 말이 바로 관계를 일컫는 것인데 불교에서는 '연기(緣起)'라고 하지."

실로 십여 년 만에 선원을 찾은 나에게 무애 스님은 무슨 화두처럼 '연기'라는 말을 전해 주었다. 무애 스님은 연기를 '관계'라고 말씀하셨다. '관계'가 회사의 어려움을 극복할 수 있는 실마리가 된다는 말인가? 나는 선뜻 그 뜻을 헤아릴 수 없었다. 무애 스님과 나 사이에 놓인 십여 년의 시간의 장벽 때문인지, 아니면 세속의 때에 찌든 내 머리의 이해력이 떨어진 것인지 알 수 없는 노릇이었다.

그런 나를 헤아려 보았는지 무애 스님은 한마디 덧붙였다.

"회사와 직원의 관계, 직원과 직원의 관계가 둘이 아님을 알겠는가?"

"회사와 직원이 둘이 아니라니 그러면 하나라는 말입니까?"

나는 도저히 이해할 수 없었다. 그런 나를 보고 무애 스님이 말했다.

"땡중이 뭘 알겠나? 자네, 나에게 속지 말게."

무애 스님은 크게 웃음을 터뜨렸다.

나는 스님의 웃음을 뒤로 하고 마하보리선원을 나왔다.

최 회장은 '열정'과 '사람'에게서 경영의 해법을 찾으라고 했고, 무애 스님은 '관계'에서 해답을 찾아보라고 한다.

'회사와 직원은 둘이 아니다.'

'직원과 직원 간의 관계가 둘이 아니다.'

사실 이 세상의 모든 것은 다 관계를 맺고 있다. 새삼스럽게 이 이야기를 꺼낼 이유도 없을 것이다. 중요한 것은 무애 스님이 이야기한 '관계'의 진정한 의미이다.

나는 '직원들과 사장의 관계는 어떻게 이루어져야 하는가?' 하는 고민에 빠져들었다. 나는 직원들에 대해서 알고 싶어졌다. 직원들은 아침에 어떤 모습으로 출근을 해서 어떻게 일하고 어떻게 생활하고 있는지 알고 싶었다. 업무 보고를 통해 각색된 모습이 아니라 살아 움직이는 직원들의 모습을 보고 싶었다.

아침에 출근해서 아무런 일이 없더라도 회사 전체를 돌아보면 무엇인가 느낄 수 있지 않을까 하는 막연한 생각이 들었다. 여기에 해답이 있을 것 같은 생각이 들었다.

나는 다음날부터 청바지에 티셔츠를 입고 간편한 차림으로 부서를 돌아다녔다. 나를 발견한 부서장들이 본능적으로 내 뒤를 따라 붙었다. 그들은 직원들과 무슨 이야기를 하는지 알아야 하는 것이 자신들의 사명인 것으로 생각하고 있는 것 같았다. 하지만 이것은 내 본래의 의도가 아니다. 나는 부서장들의 양해를 겨우 구하고는 혼자서 자유롭게 직원들과 이야기하면서 다녔다.

커피를 얻어 마시기도 하고 농담도 하면서 이런 저런 모습을 보다보니 회사 전체를 한 바퀴 도는데 약 2시간 정도 걸렸다. 임원들은 이러한 나의 태도를 즉각적으로 받아들이기 힘들어했다. 아무리 청바지 회사 사장이라고 하지만 줄무늬 티셔츠에 청바지를 입은 것도 부족해 머리를 노란색으로 염색까지 하고 나타나서 직원들과 박장대소하며 웃고 다니니 그들이 의아해하는 것도 무리는 아니다. 이러다가는 회사의 기강이 바로 서지 않는다는 것이 그들의 불만이었다. 임원들과는 달리 아래층으로 내려올수록 직원들로부터 큰 호응을 받았다.

"안녕하세요. 사장님."

"사장님. 염색하시니까 섹시하시네요."

"사장님도 좋은 하루~!"

직원들은 내가 격식을 갖추지 않고 살갑게 다가가는 것을 그렇게 좋아할 수 없었다. 이에 더욱 흥이 난 나는 직원들의 신상명세서를 책상에 갖다 놓고 외우기 시작했다. 직원들의 신상을 알게 될수록 예전보다 직원들에게 더 친근하게 다가갈 수 있었다.

이렇게 내가 아침마다 직원들에게 웃으며 인사하고 다니기를 두 달여쯤이 지났다. 그러자 나는 웬만한 일은 직원들의 눈빛만 보아도 알 수 있게 되었다. 어떤 부서에서 문제가있으면 직감적으로 느낌이 왔다.

내가 직원들 사이를 누비고 다니는 것을 몇 달 동안 계속하자 얼굴이 익숙해진 직원들은 무엇인가를 말하고 싶어하는 눈치였다. 그러나 사무실에서는 자유스럽게 이야기할수 없는 그 어떤 벽이 존재하고 있었다. 이러한 것들은 회식을 핑계 삼아 해결할 수 있었다.

나는 직원들과 회식을 할 때에도 직원들의 이름이 적힌명단을 꼬깃꼬깃 접어서 식탁 밑에 놓아두었다. 나는 술잔을 주고받을 때 반드시 직원들의 이름을 불러주었다. 결국술잔이 여러 순배 돌면서 내 기억력은 바닥이 났고 나는 쪽지를 보면서 직원들의 이름을 부르다가 그만 들키고 말았다. 그러나 직원들은 내가 전체 직원의 이름을 다 외우지 못하고 커닝하는 것을 책망하는 것 같지는 않았다.

이렇게 6개월이 지나자 기대하지 못했던 일이 생겼다. 회사에 20년 이상 근무한 임원들보다도, 또 인사팀장보다도 내가 직원들의 이름과 신상을 더 많이 알게 되었고 무슨 일이 있을 때는 직접 나서서 나름대로 원만하게 해결을 하기도 했다. 직원들은 자신들의 이름을 모르는 임원보다 자신들의 이름을 알고 불러주는 나를 더 신뢰하는 것 같았다. 임원들은 직원들 사이에서 일어난 일에 관한 한 나에게 입도 벙긋하지 못하게 되었고 점차 나의 존재를 무겁게 느끼기 시작했다.

나는 여기서 더 나아가 하청업체에도 틈나는 대로 찾아가 인사를 했다. 무슨 의도를 가지고 찾아간 것은 아니었다. 과연 어떤 과정을 통해서 청바지가 만들어지는지 전체 공정을 직접 눈으로 보고 싶었을 뿐이다. 워싱업체를 방문했을 때는 우리나라 청바지가 미국이나 그 어떤 외국의 청바지 보다 품질이 좋다고 입이 마르도록 자랑하던 생산부 홍 이사의 이야기가 허풍이 아님을 알 수 있었다.

임가공업체도 방문하였다. 소위 일반인들이 봉제공장이라고 알고 있는 곳이다. 청바지의 핵심 공정 중의 하나인데 다른 제품과 차별화되는 작업이 시작되는 곳이기도 하다.

임가공업체를 방문하였을 때 나는 내색하지는 않았지만 그들의 근무 조건이 너무나 열악한 것을 보고 놀라지 않을 수 없었다.

이렇게 하청공장을 발로 뛰면서 나는 많은 소득을 얻었다. 전체 작업 공정을 직접 눈으로 확인을 하니까 원가 구조에 대한 이해가 저절로 되었고 회사의 문제점도 속속들이 알게 되었다. 뿐만 아니라 하청업체의 협력도 쉽게 얻어낼 수 있었다. 하청업체 사장들은 하나같이 감동하며 말했다.

"하청회사를 한 지 20년이 다 되는데 본사 사장이 직접 여길 방문하는 건 처음이네요."

하지만 여전히 몇몇 보수적인 임원들과 몇몇 간부급 직원들은 나의 이러한 행동을 달갑게 여기지 않는 눈치였다.

한 간부는 "회사를 일으킬 희망이 없으니까 절망한 나머지 사장이 살짝 어떻게 된 거 아니야?" 이랬고,

한 간부는 "회사가 어려울수록 직원들을 바짝 조여도 될까 말까한데, 사장이 저렇게 실실 웃고 다니면 되겠어? 이러다가 회사 망하는 거 아냐?"이랬으며,

한 간부는 "하청업체에 일일이 찾아가는 게 무슨 꿍꿍이

속이 있는 게 아니야? 사장하고 하청업체가 서로 비밀 계약서를 작성하는 건 아냐? 회사가 부도 직전인데, 돈 몇 푼 꼬불치려고 하는 거 아냐!"이랬다.

심지어 모 여직원과는 스캔들이 있는 것으로 악성 루머까지 돌았다. 헤프게 웃고 다니면서 수작을 부리더니 결국 본성을 드러내기 시작했다는 것이다. 가슴이 찢어질 것만 같았다. 당장이라도 어떻게 해보고 싶은 마음이 굴뚝같았다. 그럴수록 나는 더 적극적으로 직원들에게 다가갔다.

그러던 어느 날 상품기획부 조 과장과 이런 일이 있었다. Y대 정치외교학과를 나온 수재인 그는 실력이 뛰어나다는 평을 받고 있었다. 다만 인간관계가 문제였다. 외곬이던 조 과장은 항상 자기 주장만을 내세웠다. 냉혈한으로 통할 만큼 그는 실력 없는 동료 직원이나 후배 직원한테는 인정사정없이 비판의 칼날을 휘둘렀다. 조 과장은 가깝게 지내는 선후배도 없었다. 회식 자리에서도 자기 이야기만을 하다가는 이내 자리를 뜨고 만다는 것이다.

모난 돌이 유난히 시선을 잡아끄는 것처럼 조 과장은 곧 나의 시선을 끌었다. 나는 다른 직원에게 하듯이 조 과장에게도 아침마다 인사를 건네며 표정을 찬찬히 살펴나갔다. 그러고는 그의 신상 자료를 잘 검토해 두었다. 하루는 날을 잡아 조 과장과 함께 커피를 마셨다. 두런두런 회사 이야기며 업무 이야기를 해나가다가 갑자기 질문을 던졌다.

"조 과장, 요즘 금성문방구 잘 되나?"

"예?"

"금성문방구 잘 되고 있냐구!"

조 과장은 깜짝 놀라했다. 사장이 자신의 형님이 고향에서 운영하고 있는 문방구의 이름까지 외우고 자신에게 관심을 보여주는 데 대한 감동의 표정이 역력했다. 사장이 사무실에서 전체 직원의 이름을 외우려고 애쓰고 있다는 이야기는 얼핏 들은 적이 있지만 이렇게까지 직원들에 대해 관심을 가지려고 노력할 줄은 몰랐다는 표정이었다. 나는 내친김에 조 과장의 적극적인 참여를 이끌어 내고 싶었다.

"자네, 내가 이 회사를 살리려고 얼마나 노력하는지 잘 알지? 내가 매일 아침마다 전 직원에게 인사를 하는 데 꼬박 두 시간이 걸리네. 내가 왜 그렇게 하겠나? 난 직원들 한 명 한 명과 마음으로 통하고 싶었네. 회사가 사장의 것이 아닌, 바로 직원들 자신의 것이라는 생각을 해주었으면 하는 것이 내 바람이었네. 나는 여태까지 발휘되지 않고 잠자고 있는 직원들의 역량을 최대한 끌어내야만 지금의 위기를 극복할 수 있다고 생각하네."

나는 진심이 담긴 부드러운 목소리로 말을 이어갔다.

"자네는 어려운 가정환경 속에서도 굴하지 않고 지금까지 잘 살아왔다고 들었네. 나도 자네처럼 가정 형편이 어려운 가운데 열심히 공부해서 여기까지 왔다네. 나는 자네의 모습에서 나의 모습을 발견하곤 한다네. 나는 자네에게 잠재된 열정을 믿네."

그제야 조 과장이 입을 열었다.

"사장님, 죄송합니다. 그 동안 제가 독불장군처럼 행동해서 회사의 분위기를 많이 망쳐놓았다는 것을 잘 알고 있습니다. 저의 아버지는 환경미화원이었는데 지금은 거동이 불편해서 집에 누워서 지내고 계십니다. 그리고 어머니는 호떡 장사를 하고 있습니다. 저는 이 사실이 동료들에게 알려지는 게 싫었습니다. 저는 남들에게 잘난 모습으로 보이고 싶었습니다. 그래서 더욱 강한 모습을 보이려고 독불장군처럼 행동했던 것입니다. 그러다보니 제가 회사의 분위기를 많이 망쳐놓았습니다. 사장님께서 직원들과의 관계를 좋게 해서 직원들의 역량을 최대한 발휘하려고 노력하시는데 본의 아니게 제가 걸림돌이 되고 말았습니다……."

"아닐세, 나는 자네의 그 심정을 충분히 이해하네."

"사장님, 앞으로는 저도 사장님의 뜻을 헤아려 직원들과 서로 도우며 조화롭게 생활하도록 하겠습니다."

이 일이 있은 이후로 조 과장은 눈에 띄게 달라지는 듯했다. 전과 달리 상사와 동료, 후배 직원들과의 관계가 원만해지는 것 같았다. '사람은 누구나 자신을 믿어주고 인정해주는 사람을 위해서 모든 것을 바친다'는 말이 틀린 것이 아니라는 것을 새삼 느끼게 되었다.

웃음과 인사는
관계를 이어주는 묘약이다

사람을 만날 때는 상대보다 먼저 인사하고 미소를 지어라. 웃음처럼 전염성이 강한 것은 없다. 웃음은 관계를 이어주는 묘약이다. 또한 건강과 장수의 비결이기도 하다.

억지로라도 웃는 연습을 하라. 한번 크게 웃는 것은 에어로빅을 5분 정도 한 효과와 비슷하다고 한다. 유쾌하게 한번 웃을 때 우리 몸속의 근육 650개 중 무려 231개가 움직인다고 하니 그럴 만도 하다. 당신이 웃고 있는 한 어떠한 불행도 당신에게 다가올 수 없다.

8

자신감 회복이 최우선이다

직원들은 나와 가까워지기 시작하면서 조금씩 자신들의 의사를 표현하기 시작했다. 그러나 직원들이 이야기하는 것을 들어보면 아직도 패배의식에 젖어 있다는 것을 알 수 있었다. 자신을 자타가 공인하는 무능력자라고 이야기하는 직원도 있을 정도였다.

나는 손오공이 싸우는 방법처럼 직원들과 내가 함께 뛰는 손오공이 되어야 한다는 생각을 다시 한 번 상기했다. 그러기 위해서는 직원들의 자신감을 회복하는 게 무엇보다도 시급하다는 생각이 들었다. 본사 직원도 그렇겠지만 소비자와 가장 밀착해 있는 판매사원들이 자신감을 회복하는 것이 가장 급선무였다.

나는 다음 사항을 공표했다.

분기 실적과 반기 실적, 연간 실적을 평가해 포상을 하겠습니다.

분기 평가에서 우수한 실적을 거둔 판매 사원부터 해외 연수를 실시하겠습니다.

그런데 첫 분기 평가를 하고 판매사원을 해외연수 보내는 날 웃지 못 할 촌극이 벌어졌다. 해외연수를 떠날 직원들이 본사에 모였지만 여권이 없는 사람이 무려 3분의 2가 넘었다. 나는 왜 이런 일이 벌어졌는지 의아해 했다. 나중에 판매사원들로부터 들은 이야기는 이랬다.

"여태까지 포상으로 해외연수를 보내준다는 말은 많이 있었지만 실제로 해외연수를 보내준 경우는 한 번도 없었어요. 막상 본사에서 표창을 하는 날이 되면 회사가 지금은 어려워서 해외연수를 보내줄 수 없으니 다음 기회에 보내 주겠다고 하고는 흐지부지 되곤 했어요. 그래서 이번에도 그런 줄 알고 여권을 준비하지 않았어요."

나는 화를 내지도 못하고 쓴 웃음을 짓고 말았다. 나는 총무팀에 지시하여 급행으로 여권을 만들어서 해당 직원들을 모두 해외연수에 보냈다. 직원들이 해외연수를 떠나는 날 판매사원 H양의 어머니는 공항까지 배웅을 나왔었다. H양의 어머니는 딸이 얼마나 대견스러웠던지 이런 말을 건넸다.

"애야, 너는 이 회사에 목숨을 바쳐야 한다. 네가 지금까지 학교에서나 직장에서나 한 번도 상장을 받은 적이 없었는데, 이 회사는 너에게 표창장도 모자라서 해외연수까지 보내주는구나. 너는 이 회사의 은혜를 잊으면 안 된다. 여태까지 살아오면서 너를 인정해 준 곳은 한 군데도 없었잖니? 이렇게까지 너를 인정해 주는 이 회사에 너는 회사가 너를 쫓아낼 때까지 끝까지 다녀야 한다. 아니 회사에 보답을 다 하기 전에는 회사가 너를 쫓아내더라도 너는 공짜로라도 회사를 위해 일해야 한다."

이 말을 전해들은 나는 가슴이 뭉클하였다. M회사의 사장이 되고 나서 이렇게 기쁜 적은 없었던 것 같다. 그렇다. H양의 어머니가 이렇게 감동을 한 이유는 자신의 딸을 위해주고 알아주기 때문일 것이다.

'남자들은 자신을 알아주는 사람을 위해 목숨까지 바친다.'는 말이 머리를 스쳤다. 이 일을 계기로 나는 직원들에게 칭찬할 일이 있으면 표창장을 주는 것은 물론 가능하면 해외연수를 보내는 것을 원칙으로 삼았다.

H양은 그 이후로도 우수한 판매 실적을 올렸다. 사이판에만 다섯 번을 다녀왔다. 물론 직원 해외연수를 통해서이다. 나는 H양이 그때까지 학교에서나 다른 회사에서 그 흔한 상장 한 번 받지 못했다는 사실이 믿기지 않았다.

판매사원들의 해외연수는 3개월 단위로 계속 이어졌다. 당시 판매사원들은 해외여행을 많이 해 보지 못한 듯 했다. 실제로 해외연수를 가기 전에 비행기를 한 번도 타 보지 못한 사람들이 대부분이었다.

우리 회사의 판매사원 해외연수는 업계로부터 커다란

반향을 불러일으켰다. 경쟁 회사에 근무하던 판매사원들이 하나씩 둘씩 우리 회사로 몰리기 시작한 것이다. 이유는 간단했다. 근무시간도 짧으면서 월급은 더 많이 받을 수 있고 직원들을 인간적으로 대우하는 회사에서 일하고 싶다는 것이었다. 그리고 해외연수도 보내주기 때문이라는 것이었다.

나는 경쟁 회사의 경영진들로부터 많은 질시를 받았다. 그들은 언제까지 버티는지 두고 보자는 막말도 서슴없이 해댔다. 그러나 물은 높은 곳에서 낮은 곳으로 흐르는 법, 나는 직원들이 우리 회사로 몰려드는 것을 보면서 회사 정상화의 불씨가 지펴지고 있음을 직감할 수 있었다.

칭찬하고
또 칭찬하라

　칭찬은 열정을 이끌어 낸다. 한마디의 칭찬이 평범한 사람을 위대한 사람으로 바꿀 수도 있다. 우리는 칭찬의 위력을 잘 알고 있지만 실제로는 칭찬을 하는 데 인색하다. 칭찬이 생활화될 수 있도록 칭찬하는 연습을 하라. 자신만의 칭찬 방법을 개발하라. 이때에도 명심할 것이 있다. 진심으로 칭찬을 해야 한다. 입에 발린 칭찬은 오히려 역효과를 불러 온다.

9

물을 주지 않으면 콩나물은 죽는다

새로운 방안을 모색하는 대책 회의가 열렸다. 이번에도 임원들은 똑같은 소리였다.

"전에도 말씀드렸다시피 다른 계열사에서 좋은 인재를 다 빼가고 우리에겐 실력이 없는 사람들만 넘겨주는 상황에서는 아무런 희망도 없습니다. 그룹이 우리 회사에 애정을 갖고 있고 또 살리려는 의지가 있다면 이럴 수가 있습니까?"

마케팅실 배 상무의 말이었다. 그러자 어김없이 영업부 권 이사가 맞장구쳤다.

"맞습니다. 우선 유능한 직원들을 대대적으로 충원하는 게 현재의 위기를 극복할 수 있는 유일한 길이라고 생각합니다."

디자인실 김 이사도 빠지지 않았다.

"디자인 쪽은 하루가 다르게 첨단 기술이 쏟아져 나오고 있습니다. 다른 어떤 곳보다 유능한 인재들이 필요한 곳이 우리 부서라고 할 수 있습니다. 저는 지금의 인력으론 아무런 희망이 없다고 생각합니다."

아무 말 없이 앉아 있는 생산부 홍 이사만을 제외하고 세 명의 임원들은 회심의 미소를 띠웠다. 유능한 인재의 충원 없이는 회사 소생은 절대로 불가능하다는 것을 임원들은 절대 절명의 명제처럼 줄기차게 내세웠다. 어쩌면 그 주장의 이면에는 다른 꿍꿍이속이 있는 게 아닌가 하는 의구심이 들 정도였다.

'새파랗게 젊은 놈이 뭘 안다고 까부는 거야? 최우선적으로 사장이야말로 유학파 출신이어야 해. 아니면 아예 능

력 있는 외국계 전문 경영자를 영입해야만 이 위기를 극복할 수 있어!'

바로 이것이 저들의 생각인 것 같았다. 마케팅실 배 상무는 아예 팔짱을 꼈고, 영업부 권 이사는 안경알을 닦기 시작했고, 디자인실 김 이사는 원탁 아래로 손을 넣어 문자를 보내는 것 같았다. 생산부 홍 이사는 내 얼굴만 쳐다보았다.

"여러분의 의견을 적극적으로 받아들이겠습니다. 그룹에 건의를 드려보지요. 하지만 지금은 직원들에 대한 교육이 절실한 때라고 봅니다."

내 말이 끝나자 지체 없이 마케팅실 배 상무가 말했다.

"교육도 교육 나름입니다. 현재는 회사 상황도 안 좋을 뿐만 아니라 직원들도 별로 가망이 보이지 않습니다. 현재의 직원들에게 교육을 하는 건 마치 밑 빠진 독에 물을 붓는 것이나 마찬가지입니다. 사장님은 교육이 무슨 만병통치약이나 되는 것처럼 오해를 하고 있는 것 아닙니까?"

나는 침착하게 말했다.

"교육에 대한 내 생각은 이렇습니다. 여러분 혹시 콩나물을 키워보신 분 있으십니까? 콩나물에 물을 주면 어떻게 됩니까? 물은 즉시 시루 밖으로 흘러내려 버리지요. 물이 흘러내려 버리니까 물이 필요 없다고 생각하고 물을 주지 않으면 어떻게 됩니까? 예, 그렇습니다. 콩나물은 말라 죽어버립니다. 교육도 마찬가지입니다. 당장은 한 귀로 흘러버리기 때문에 아무런 효과가 없는 것처럼 보입니다. 콩나물에 물을 주는 것과 같습니다. 그렇다고 해서 물을 주지 않으면 콩나물은 죽어버립니다. 직원들도 그와 마찬가지입니다. 당장에 필요 없다고 해서 교육을 시키지 않는다면 새로운 환경을 맞아 직원들은 적응하지 못하고 도태되고 말 것입니다. 이렇게 본다면 교육은 결코 비용이 아니라 투자입니다. 그것도 투기성이 제로인 가장 확실한 투자입니다. 현재와 같은 위기 상황일수록 더욱 직원 교육에 심혈을 기울여야 합니다. 이를 통해 개개인의 실력을 향상시키는 것은 물론 자신에 대한 믿음을 회복해야 합니다. 무엇이든 이루어낼 수 있다는 확고한 자신에 대한 믿음 말입니다."

내 말이 계속 이어지자 다들 꿀 먹은 벙어리였다. 눈치를 보아하니 '회장님은 말솜씨를 보고 사장을 뽑았나?' 하는 것이었다.

영업부 권 이사가 침묵을 깨고 나섰다. "자신에 대한 믿음이라, 좋은 말씀입니다. 하지만 패션 회사에서만 20년 간 근무해온 저의 생각으로는 우리가 아무리 우리 자신을 믿는다고 해도 좋은 제품이 나와야 하는데 그게 되질 않으니 문제입니다."

그러자 디자인실 김 이사가 볼 멘 소리로 대답했다.

"아니, 또 시작입니까? 권 이사님. 우린 우리대로 최선을 다해 청바지를 만들어 왔습니다. 그렇지만 요즘 워낙 물가가 치솟아 좋은 원단을 가지고 마음대로 청바지를 만들 수 있는 여건이 되질 않습니다. 싼 원단으로 옷을 만들려고 하니 우리 디자이너들이 제대로 실력을 발휘할 수 있겠습니까?"

"또 그 소립니까? 그건 전부터 해오던 소린데, 여기서 또 그 소릴 들어야겠습니까? 우리 회사에서는 다 그만한 고충을 가지고 있다는 건 상식인데, 유독 디자인실만 애로가 있는 것은 아니지 않습니까? 그렇다면 아예, 좋은 원단을 마음껏 쓸 수 있는 회사로……."

마침내 마케팅실 배 상무가 못할 소리를 하고 말았다. 디자인실 김 이사가 못 참겠다는 듯이 씩씩거렸다.

내가 나서서 서둘러 진화를 해야 했다.

"오늘은 제가 선약이 있어서 이것으로 회의를 마치겠습니다. 교육은 보름 뒤부터 시작하겠습니다. 본사는 물론 전국의 매장 직원들이 교육을 받게 될 것입니다."

임원들이 얘기하는 것처럼 실력 있는 인재를 수혈하는 것도 좋은 대책일 수 있었다. 하지만 그룹 기획실에 그런 제안을 했지만 전혀 받아들여지지 않았다. 그 사실을 임원들에게 말하고 싶지 않았다. 그렇지 않아도 패배의식에 젖어 있는 임원들에게 구실을 주고 싶지 않았기 때문이다.

나는 직원 교육에 승부를 걸겠다고 다짐을 했다. 회사는 지금 직원들의 패배의식을 자신감으로 승화시키는 교육이 절실하게 필요했다. 직원들의 능력이 모두 모여서 그 회사의 역량을 나타내는 것이다. 나는 직원들의 자신감 회복에 회사의 운명이 달려 있다고 확신했다.

'그래, 직원들을 손오공으로 만들자'

원래 나는 전 직장에 근무할 때부터 교육체질이라는 말을 들었다. 남들은 교육을 받으러 가는 것을 싫어했지만 나는 남들의 교육도 도맡아서 대신 받으러 갔다. 이 덕분에 나는 사내 강사 자격증은 물론 신용분석사 자격증도 딸 수 있었다. 나는 교육에 관한 한 확고한 신념을 가지고 있다.

'어떤 교육 강사든지 실력이 없다는 말을 듣기보다는 실력 있는 사람으로 인정받고 싶어 한다. 그래서 강사들은 교육을 할 때 자신이 알고 있는 것의 정수를 이야기한다. 그러니까 교육을 받는다는 것은 강사의 경험과 지식의 진수를 배울 수 있는 절호의 기회이다.'

천천히, 그리고 꾸준히
자기계발을 하라

교육과 자기계발은 콩나물을 키우는 것과 같다. 응급처 치식의 특효 처방은 없다. 자기계발은 천천히, 그리고 꾸준 하게 하는 것이 최선의 방법이다. 효과가 당장에 나타나지 않는다고 자기계발 노력을 그만둔다면 콩나물시루에서 물 이 빠져 나가버린다고 콩나물에 물을 주지 않는 것과 같다. 자기계발을 하지 않으면 콩나물이 말라죽는 것처럼 우리들 도 퇴보하게 될 것이다.

10

초상집에서 어긋난
관계를 풀다

나는 주말이 되어서 모처럼 느긋한 마음으로 첫 직장의 입사동기 모임에 가고 있었다. 나는 첫 직장을 그만 둔 이후에도 입사동기 모임에는 반드시 참석했다. 이때 휴대폰의 전화벨이 요란하게 울렸다.

"사장님, 총무팀장입니다. 전주에 있는 판매사원의 아버님이 돌아가셨는데, 사장님이 오시고 처음 있는 상이라 전화를 드렸습니다. 제가 지금 문상을 가려고 하는데 사장님

명의로 부의금을 얼마나 낼까요?"

"오, 그래? 그런데 자네가 왜 내 부의금을 내나?"

"예, 여태까지 관례상 사장님의 부의금은 제가 대신 가지고 가서 전달하였습니다."

"그런가? 앞으로는 그럴 필요가 없네. 내가 직접 문상을 가겠네."

"예? 사장님이 직접 가신다고요? 그건 불가능합니다. 지금도 저희 총무팀 직원들이 번갈아 가면서 전국을 커버하고 있는데도 힘이 부칩니다. 직원이 1,000명이 넘습니다……."

"그래도 괜찮네, 경사는 참석하지 않더라도 조사는 반드시 참석하는 것이 나의 원칙일세. 일부러라도 전국 매장을 둘러보아야 하는데, 겸사해서 가면 좋지 않은가?"

나는 첫 직장에 다닐 때 상가에는 반드시 참석해야 한다고 배웠다. 첫 직장은 직원이 약 3,000여 명이 넘었고 지점도 전국에 다 있었다. 그렇지만 직원들은 상가가 전국의 어디에 있더라도 반드시 참석하는 것을 원칙으로 삼고 있었다. 일종의 기업문화였다.

직원들이 상가에 서로 참석하는 기업문화는 좋은 점이 한 두 가지가 아니었다. 상을 당한 직원의 입장에서는 많은 직원들이 참석해서 자기 일처럼 궂은일을 다 처리해주니까 여간 고마운 게 아니다. 그리고 상을 당한 직원도 다음에 다른 직원의 상가에 참석해서 도와주게 된다. 일종의 품앗이다.

이러한 기업문화는 직원들 간에 관계를 좋게 해 주었고 좋은 관계는 업무 협조로 이어져 결국에는 업무효율의 증대로 이어졌다. 상가에 가면 다른 지점에 근무하는 직원들도 만날 수 있어 일종의 사귐의 장소가 되기도 했다.

일종의 보너스라고나 할까, 이렇게 상가를 다니다 보면 자연스럽게 전국을 여행하게 된다. 나는 우리나라의 산간벽지까지 가보지 않은 곳이 거의 없었다. 내가 여행을 좋아하기 때문에 그런 것은 결코 아니다. 나는 가족들과 변변한 여행 한 번 가보지도 못했다. 나는 직원들의 상가에 참석하느라 전국 방방곡곡을 누비고 다닌 것이다.

언젠가 입사 동기의 부친상으로 해남 땅 끝 마을에 갔을 때는 정말 우리나라가 넓은 나라라는 생각이 들었다. 지금은 서해안 고속도로가 있지만 그 때는 서해안 고속도로가 없었다. 땅 끝 마을에 가는 것은 유럽에 비행기로 가는 것과 시간이 맞먹었고 힘은 훨씬 더 들었다. 그 때 누군가가 상가에서 이런 말을 했다.

"앞으로 신입사원을 뽑을 때는 이런 깡촌에서 태어난 사람은 뽑지 말아야지, 이런 깡촌까지 문상을 오려니까 장난이 아니네……."

상가는 때 아닌 폭소 바다가 되었다.

상가에 참석하는 것은 어떤 때는 어긋난 인간관계를 회복시켜주기도 한다. 내가 강남지역본부 관리과장으로 근무할 때의 일이다. 지역본부관할 지점 차장 회의를 할 때였다. 회의 중에 나는 선릉지점 양 차장의 발표 내용에 대해 무심코 핀잔을 주고 말았다. 양 차장은 나보다 서열이 훨씬 높았고 고향 선배였다. 나는 지역본부에 근무하면서 나도 모르는 사이에 하급기관인 지점의 차장을 함부로 대하는 습관이 몸에 배여 있었던 것이다. 회의를 마치고 양 차장은 몹시 불쾌해 했다.

"김 과장, 지역본부에 근무하니까 눈에 뵈는 게 없나? 쫄

다구가 건방지게……."

"양 차장님, 그게 아니고……."

나는 후회를 했지만 이미 때는 늦었다.

"그래 김 과장은 마르고 닳도록 지역본부에서 근무할 줄 아는 모양인데, 어디 한 번 두고 보자구……. 내가 확실하게 보답을 해 줄 테니 기다려……."

양 차장과 나는 최악의 관계가 되고 말았다. 이날 이후 양 차장은 사사건건 나에게 적대감을 표시했다. 그전까지만 해도 양 차장은 고향 후배라고 나에게 살갑게 대해주었는데 내가 회의에서 무심코 던진 비난의 말 한 마디 때문에 두 사람 사이는 최악이 되어버린 것이다.

이러던 중에 양 차장의 아버지가 돌아가셨다. 상가는 경남 통영이었다. 마침 본부장이 해외출장 중이라 내가 본부장을 대신해서 상가에 참석했다. 통영은 교통이 몹시 불편했던 터라 생각보다 직원들이 많이 참석하지 않았다. 나를 보면서 불편해 하는 양 차장을 의식하며 나는 하룻밤을 상가에서 보냈다.

다음날 아침에 상가에서 나와 사우나를 하고 서울로 돌

아가려고 했는데 그 날이 마침 토요일이라 급하게 올라갈 필요가 없었다. 서울에 도착하면 이미 퇴근 시간이 지나 있을 것이었다. 그래서 나는 하루 더 상가에 머무르기로 했다.

다시 상가에 가서 팔을 걷어 부치고 일을 돕고 있는데 양 차장이 이런 나를 발견하고는 놀라는 표정이었다. 나는 상가에서 이틀 밤을 새우고 다음날 아침에 장지까지 따라갔다. 양 차장과 몇 마디 말을 나누지는 못했지만 내 기분은 아주 좋았다. 왠지 예전에 양 차장에게 무례하게 대했던 것에 대해 사죄를 한 것 같은 기분이었다.

상을 치르고 나서 출근한 양 차장이 저녁 식사를 같이 하자고 했다. 저녁 식사를 하면서 양 차장이 말했다.

"김 과장, 내가 속이 좁아서 그 동안 자네에게 몹쓸 짓을 많이 했네. 미안하네."

"아닙니다. 제가 그 동안 지역본부에 근무하는 것이 무슨 벼슬이나 된다고 선배님들에게 건방지게 굴었던 것 같습니다. 죄송합니다."

"아, 아닐세. 내가 속이 좁았네. 그건 그렇고, 자네 이번

세상을 바꾸는 공주병·왕자병 아이엠

에 우리 아버지 상에 와서 고생 많았네. 고맙네."

"아닙니다. 저는 그냥 본부장님을 대신해서 간 것뿐인데
요. 뭘……."

"아닐세, 나도 처음에는 그런 줄 알았지만 나중에 자네의
진심을 알았네. 자네는 형식적으로 참석한 것이 아니었어.
이틀 밤을 꼬박 새우고 장지까지 가질 않았나? 본부장님을
대신해서 그냥 참석한 것이라면 첫날 인사만 하고 가도 되
는 것이었어."

"그냥, 간 김에……." 나는 더 말을 잇지 못했다. 양 차장
이 소주잔을 부딪치며 마시라고 재촉했기 때문이다. 나는
이 때 이런 교훈을 깨달았다.

'상가에는 무조건 참석하라. 어긋난 인간관계를 회복시
켜준다.'

슬픈 일은
반드시 나누어라

상가에는 반드시 참석하라. 상가는 새로운 인간관계의 시작이 되기도 하고 기존의 인간관계를 끈끈하게 이어주기도 한다. 그리고 어긋난 인간관계를 회복시켜주기도 한다. 우리가 직장에서 일을 할 때 정작 어려운 것은 일이라기보다는 인간관계이다. 성공한 사람들은 모두 인간관계를 훌륭하게 맺고 있다. 다른 사람의 상가에 참석하는 것은 인간관계를 훌륭하게 맺어 주는 마력을 가지고 있다. 여태까지 바빠서 상가에 참석하기를 소홀히 했다면 앞으로는 상가에 참석하는 것을 제일 중요한 일의 하나로 여겨라.

11

해답은 나 자신 속에 있다

무애 스님이 K대학교 평
생교육원에서 강연을 한다는 연락이 왔다. 나는 강연이 열
리는 K대학 캠퍼스를 찾아갔다. 오랜 만에 들른 캠퍼스는
나의 대학 시절을 떠올리게 했다. 젊은 대학생들이 삼삼오
오 농구를 하고, 또 잔디에 누워 담소를 나누는 풍경이 너무
나 자유롭고 행복하게 보였다.

무애 스님의 강연이 시작되었다. 스님은 마이크에 대고

인사를 하고 나서 나지막하면서도 확신에 찬 듯한 목소리로 강연을 시작했다. 강당 벽에 붙인 글이 눈에 들어왔다.

'관계의 법칙'

지난번에 무애 스님이 나에게 이야기했던 내용과 연관이 있는 듯했다.

"저는 시끌벅적한 시장에서 '마하보리선원'이라는 대중적인 사찰을 이끌고 있습니다……."

간단한 소개가 끝나자 본격적으로 강연이 시작되었다.

"오늘 강연 제목은 관계입니다."

무애 스님은 칠판에 '관계의 법칙'이라고 적었다.

"대다수 사람들은 나와 네가 서로 연관을 맺는 것만이 관계라고 생각합니다. 그것만이 관계의 전부일까요. 여기서는 진정한 의미의 관계에 대해 생각해보도록 하겠습니다.

첫 번째, 가정이나 회사에서 홀로 존재하는 사람은 없습니다. '나'는 '너'가 있기 때문에 '나'이고, 남편은 아내가 있기 때문에 남편일 수 있습니다. '당신이 있기에 내가 있습니다.' 이런 식으로 우리는 서로 의존하는 관계에 의해서만 비로소 존재할 수 있습니다.

두 번째, 자기 자신에 대한 존중심을 가지고 있어야 합니다. 어느 누구도 자기 자신을 비하하여 잘된 경우를 못 보았습니다. 자기 자신은 최고다, 이런 생각을 가지고 있어야 합니다. 모름지기 자기를 비하하는 사람 치고 남을 인정하고 존중하는 사람은 없는 법입니다.

자신이 잘 났다고 남을 깔보고 무시하는 사람을 가만히 관찰해보면, 겉과는 달리 속으로는 심한 열등의식에 사로잡혀있는 경우가 허다합니다. 그러나 실제로는 세상에 잘 나고 못난 사람은 없습니다. 자신의 입장에서 보면 우주의 중심은 자기 자신이지만, 상대방의 입장에서 보면 우주의 중심은 상대방인 것입니다. 이때의 우주의 중심은 각자의 기준에 따라서 다른 것이지, 누구의 기준이 틀렸다고 할 수 없는 것입니다.

세 번째, 문제의 원인과 해답은 자기 자신에게 있다는 것입니다. 이것은 역으로 문제의 원인과 해답을 남에게서 찾지 말아야 한다는 뜻입니다. 자신을 비하하는 사람은 문제의 원인을 늘 남에게 돌리고 해답도 늘 남에게서 구합니다. 하지만 자기 자신을 존중하는 사람은 늘 자기 자신을 되돌아보면서 문제를 알아차리고 또 해답을 자신에게서 구합니다. 그렇게 된다면 많은 사람들과 부대끼면서 생기는 심각한 갈등도 쉽게 해결되리라 믿습니다."

계속해서 무애 스님의 강연은 이어졌다. 청중들 가운데 고개를 끄덕이는 사람이 많이 보였다.

"나 자신에게 모든 해답이 있고, 우리는 모두 문제를 해결할 능력이 있으며, 관계 속에서 서로가 서로의 조언자가 될 수 있습니다. 어느 누구도 우월적이거나 특별하지 않은 상호의존적인 '관계'의 네트워크를 우리는 형성할 수 있습니다. 우리가 해야 할 일은 자신을 믿고 관계 속에서 형성된 자신의 모습을 보는 것입니다."

청중들이 박수를 치기 시작했다. 이윽고 청중들과의 질의응답 시간이 되었다. 앞쪽에 앉아있던 금테 안경을 낀 중년 사내가 굵은 목소리로 말했다.

"스님, 가슴에 와 닿는 이야기 정말 감사합니다. 저는 관계에 대해서 잘 알고 있다고 자부해왔지만 오늘 스님의 말씀을 들으니, 관계에 대해 아주 무지했던 것 같습니다. 그러니 제대로 주변 사람들과 관계가 이루어질 수 없었다는 걸 이제야 깨닫게 되었습니다. 그런데 한 가지 의문이 드는 게 있습니다. 저는 조그만 벤처회사를 운영하고 있는데, 요즘과 같은 불경기에는 직원들을 바짝 조여야 하지 않겠습니까? 그리고 기업체에는 엄연히 상사와 부하라는 수직 관계가 존재합니다. 이걸 무시한다면 조직에 질서가 서지 않을 수도 있을 것 같은데요."

무애 스님은 물 컵을 입에서 떼고 말을 이어갔다.

"네, 좋은 질문이십니다. 관계의 법칙을 기업에 적용하는 건 무리가 있지 않겠느냐는 말씀이군요. 먼저 우리 선원 신도회장인 K씨 이야기를 해보겠습니다. 그는 지금 S기업의 CEO입니다. K씨는 회사가 어려워 직원들의 월급도 겨우 주고 있었습니다. 당시에 직원들이 야근을 많이 했는데 구내식당의 음식이 좋지 않아 직원들의 불평이 많았습니다. 음식이 형편없다 보니 밥그릇 채로 쓰레기통에 집어 던지는 일도 허다했습니다. 뒤늦게 K씨는 그 점에 대해 반성했습니다. 이후 K씨는 회사가 망할 때 망하더라도 직원들 식사만이라도 제대로 해주자고 결심하고 식사 비용을 아낌없이 지원해주었습니다. 이때 경리담당 L이사가 말했습니다.

'사장님, 요즘 사람들 잘해주면 기어오릅니다. 회사도 어려운데 돈을 아끼십시오.'

그러자 K씨는 말했습니다.

'이사님도 제가 잘해주면 기어오르겠네요.'

그 말에 L이사는 할 말을 잃었습니다. 이후 K씨는 지속적으로 직원들의 복리후생에 신경을 썼습니다. 그랬더니 놀라운 일이 벌어졌습니다. L이사와 K사장의 대화 내용을 전해들은 직원들은 감동을 받아 헌신적으로 일을 했고, 그 덕택에 오래지 않아 회사가 정상화되었다고 합니다.

속된 우리말로 '똥개도 안다'는 말이 있습니다. 이것은 똥개도 자신을 때리려고 하면 으르렁거리고 쓰다듬어주면 꼬리를 살랑살랑 흔드는 데에서 유래된 말입니다. 똥개도 자신을 미워하는지 좋아하는지 아는데 하물며 사람은 어떻겠습니까? 사람들은 누구나 자신을 소중한 존재로 생각하며, 자신을 인정해 주는 사람을 위해서는 자신의 모든 것을 바치기도 합니다."

무애 스님은 답변이 되었냐고 질문을 한 중년 남자에게 물었다. 그러자 중년 남자는 벌떡 일어서서 마이크를 잡았다.

"요즘은 불경기라서 그런지 아무리 마케팅 묘안을 짜내도 별다른 효력이 없었는데, 이제는 스님 말씀대로 '관계의 법칙'을 실천해 보겠습니다. 좋은 말씀 정말 감사합니다."

사실 나도 그 금테 안경을 쓴 중년 사내의 마음과 똑같았다. 이제까지 무애 스님은 나에게 무심코 툭툭 던져주듯이 가르침을 주고 있었던 것이다. 무애 스님은 마치 무엇인가가 갑자기 생각난 듯 다시 말을 이어갔다.

"문제의 원인은 자신에게 있다는 것을 아는 것이 관계를 제대로 아는 것입니다. 나로 인해서 모든 문제가 생긴다는 것을 알아야 합니다. 내 주변은 내가 도장을 찍어 놓은 것입니다. 나로 인해 생긴 문제는 나와 연결된 사람들 모두에게 영향을 미칩니다. '나'라고 하는 것은 홀로 존재하는 것이 아니라, 나의 주변의 것들이 모두 모여서 이루어진 복합체이기 때문입니다. 아까 말했던 우리 선원 신도회장인 K씨의 이야기를 하나 더 해드리겠습니다."

무애 스님은 목이 마른지 연거푸 물을 두 잔이나 마셨다.

"K씨는 C기획팀장에게 부채 감소 대책에 대해서 보고하라고 지시를 했습니다. 약 2달 후에 C기획팀장이 보고를 하는데, 보고서를 보니 아주 노력을 많이 하였고 내용도 훌륭하였다고 합니다. C기획팀장이 프레젠테이션을 하고 있는 중에 K씨는 보고를 중단시켰습니다. 보고시간이 길어질 것 같아서 짧게 해 볼 심산으로 '잠시 읽어 볼 테니 그 후에 보고를 하세요.' 하고는 보고서를 검토했습니다. 전체적으로 흠잡을 데 없이 완벽한 보고서였습니다. 그런데 마지막 부분에 가서 약간의 논리적 비약이 있는 것을 발견한 K씨는 보고서를 집어 던졌습니다.

'다시 해 오세요. 이런 중요한 보고서에 실수가 있으면 어떻게 합니까?'

K씨는 순간적으로 자신의 마음속에 이런 생각이 들었다고 합니다.

'너는 2달이나 걸려서 작성을 했지만 나는 몇 분 만에 문제점을 찾아냈다.'

이런 교만한 마음이 들어서 자기도 모르게 잘난 척을 하고 만 것입니다. C기획팀장은 그 날 밤새도록 술을 마시며 K씨를 욕하고는 그 날 이후에는 일을 열심히 하지 않았다고 합니다. K씨가 그 이후에 몇 번씩이나 사과를 하기도 하였지만 소용이 없었다고 합니다.

여러분은 이 이야기에서 무엇을 느끼십니까? 우리가 흔히 범하는 실수 중의 하나입니다. 우리는 잘못을 한 뒤에 사과를 하면 괜찮아지겠지 하고 생각하는 경향이 있습니다. 그러나 이미 나의 말과 행동은 상대방의 마음속에 도장을 찍어 놓은 것입니다. 나의 이미지를 확실하게 심어 놓은 것입니다. 이 이미지는 정말 오랜 시간이 걸려야 바뀔 수 있을 것이고, 어쩌면 영원히 바뀌지 않을 수도 있습니다. 이것이 바로 관계의 법칙입니다. 나의 주변은 내가 행동한대로 이루어지는 것입니다. 나의 주변 환경은 이렇게 내가 만드는 것입니다. 내가 도장을 찍는 것입니다."

어떤 경우에도
상대를 비난하지 말라

    잘난 체 하고 교만 하라. 상대방을 틈만 나면 비난하라. 그러면 확실하게 적을 만들 수가 있다. 반대로 상대방을 친구로 만들려면 절대로 비난하지 마라. 상대방은 당신의 직접적인 충고를 좋아하지 않는다. 상대방의 잘못을 고쳐 주어야 한다는 의무감에서 벗어나라. 상대방을 고쳐주려는 좋은 의도는 버려라. 문제점은 대개 본인 스스로 알고 있다.

12

자신을 믿으라, 아이엠!

나는 무애 스님의 강연을
다녀온 뒤로 방향을 잡을 수 있었다. 우선 나는 교육을 통하
여 회사에 관계의 법칙을 전파하기로 했다. 직원들이 관계
의 본질을 정확하게 이해하고 자신감을 회복한다면 모든
어려움을 극복할 수 있을 것 같았다. 나는 '관계의 본질'에
대한 이해와 직원들의 '자신감 회복'을 교육의 두 기둥으로
세웠다.

나는 계속해서 자료를 정리했다. 또한 주말을 이용해 서점을 찾아갔다. 보충 자료로 삼을만한 책을 구하기 위해서였다. 교육이 성공하려면 무엇보다 철저한 준비가 필요하다. 늦은 저녁 백여 권의 책을 차 트렁크에서 꺼내 집안으로 들고 오자 아내가 한 마디 했다.

"여보, 이 회사도 또 '의식화' 시키려고 작정을 했어요?"

"하하. 그래. 그럴 작정이야. 그래야만 회사가 살아날 수 있어. 난 이 책들이 우리 회사를 살려낼 거라고 믿어."

"제발 그렇게 됐으면 좋겠어요."

이렇게 시작된 교육 준비는 2주에 걸쳐 휴일도 없이 계속됐다. 집에서 가져온 책과 새로 산 책, 그리고 각종 파일들로 사장실은 도서관이 되다시피 했다. 그 수많은 자료더미 속에서 나는 여비서와 함께 자료의 숲을 헤치면서 조금씩 길을 터가기 시작했다. 머지않아 주제에 맞게 자료들이 일목요연하게 정리되었다.

나는 무애 스님으로부터 들은 '관계' 라는 엔진 위에 '아이엠' 이라는 본체를 올렸다. 기본 정신은 관계의 법칙이고 실천 방법은 '아이엠' 이다. '아이엠' 을 간단히 소개하면 이렇다.

'해답은 자기 자신에게 있다.'

'누구에게나 능력이 있다.'

'우리는 서로의 멘토가 되어 함께 도울 수 있다.'

나는 이것을 직원들이 기억하기 쉽게 간단히 줄여서 '아이엠' 이라고 이름 붙였다.

'아이' 는 영어의 'I' 이다.

'I have the answer in my mind.' (해답은 나 자신 속에 있다)의 첫머리 글자이다. '해답은 나 자신 속에 이미 있으므로 자신의 능력을 믿자' 는 것이다.

'엠' 은 'AM' 이다.

'A' 는 'All have the answer in their minds.' (모든 사람이 자신 속에 해답을 가지고 있다)의 첫머리 글자다. '우리 모두가 무한한 능력을 가지고 있다는 것을 믿자' 는 것이다.

'M' 은 'Mentors have the answer to help others.' (우리는 서로의 조언자가 되어 함께 도울 수 있다)의 첫머리 글자다. '너와 나는 서로 우월적 관계가 아닌 수평적 관계에서 서로가 서로의 조언자가 될 수 있다' 는 것을 믿고 서로

가 서로에게 멘토가 되자는 것이다.

단지 직원들이 외우기 쉽게 하기 위해 그렇게 만들었는데 의외로 단순하여 직원들은 쉽게 이해를 하였다. '아이엠' 이론을 정리하고 난 후 나는 임원들이 제일 먼저 변해야 한다고 생각했다. 그래서 '아이엠' 이론을 임원들에게 이야기했다.

"여러분, 인간은 무한한 능력을 가지고 있습니다. 보통 사람들은 자신의 능력을 10%도 발휘하지 못하고 살아간다고 합니다. 저는 잠들어 있는 우리의 능력이 단지 2%만이라도 더 발휘된다면 충분히 우리 회사를 살릴 수 있다고 봅니다. 저는 우리의 잠재 능력이 더욱 더 발휘될 수 있도록 길을 안내해주는 역할을 할 것입니다. 우리는 서로 서로 멘토가 되어야 합니다. 저는 이것을 '아이엠' 이라고 이름을 붙였습니다.

우리가 모두 '아이엠' 을 진정으로 받아들일 때 우리의 능력은 더욱 크게 발휘될 것이며, 우리는 서로의 멘토가 되어 서로를 도와줄 수 있을 겁니다.

우리는 두 가지에 초점을 맞추어야 합니다. '해답은 자신 안에 있다' 는 것과 '누구에게나 있다' 는 것입니다. 사람은 누구나 능력을 지니고 있습니다. 단지 자신이 스스로 능력을 신뢰하기만 하면 무한한 능력을 발휘할 수 있습니다. 그러기 위해서는 서로 서로 도와주면 됩니다.

'나는 ____입니다' 라는 믿음을 가지고 일했던 직원들은 누구나 목표를 달성하고 행복한 생활을 영위했습니다. '나는 ____입니다' 에서 빈자리는 무엇일까요. 그것은 바로 자신의 꿈과 비전입니다. 저는 이것을 자신에 대한 '믿음' 이라고 봅니다."

누구나 수평적 관계에서
조언자가 될 수 있다

'I AM'

'I have the answer in my mind.'

(해답은 나 자신 속에 있다.)

'All have the answer in their minds.'

(모든 사람이 자신 속에 모든 해답을 가지고 있다.)

'Mentors have the answer to help others.'

(우리는 서로의 조언자가 되어 함께 도울 수 있다.)

'해답은 나 자신 속에 이미 있으므로 자신의 능력을 믿어라.'

'우리 모두가 다 무한한 능력이 있다는 것을 믿어라.'

'너와 나는 서로 우월적 관계가 아닌 수평적 관계에서 서로가 서로의 조언자가 될 수 있다.'

13

내 이름은 이 세상에서
가장 달콤한 말

나는 '아이엠' 이론을 확산시키기 위해 전국의 매장을 돌면서 교육을 실시했다. 그때 어느 교육업체 강사는 나에게 이런 말을 했다.

"김 사장님, 어떤 유능한 강사보다도 그 회사의 CEO를 능가할 수는 없습니다. 되도록이면 자주 직원들에게 직접 교육을 하십시오. 유능한 일류 강사가 교육하는 것 보다 더 큰 효과가 있을 겁니다."

나는 이 말을 가슴속에 새기고 있었다. 아니, 어쩌면 믿고 싶었는지도 몰랐다. 실제로 나는 교육에 임하는 직원들의 태도를 보고 이 말이 사실임을 알 수 있었다.

명동점에서 교육을 할 때의 일이다. 신용판매과 석 과장이 맨 앞줄에 앉아서 교육을 받고 있었다. 석 과장은 성실하고 모범적인 직원이었지만 교육을 그리 잘 받는 스타일은 아니었다. 그날따라 석 과장은 맨 앞줄에 앉아서 꾸벅 꾸벅 졸고 있었다. 그러면서 연신 볼펜으로 손바닥을 꾹꾹 찌르고 있었다. 왜 그렇게 하는지를 유심히 살펴보니 교육 중에 졸지 않으려고 볼펜으로 손바닥을 찌르고 있었던 것이다. 나의 교육 내용이 재미있지는 않다 할지라도 잠을 참기 힘들 정도는 아니었을 텐데 석 과장이 왜 그렇게 힘들어 했는지 나는 그 이유가 궁금했다.

교육이 끝난 후에 석 과장을 불러서 물어보았다. 석 과장은 전날 저녁때 대금이 연체된 고객의 상가에 문상을 가서 밤을 꼬박 새우고 교육에 참가했기 때문에 그렇게 졸았다고 말했다. 나는 감동했다. 고객의 상가에 문상을 가서 밤을 새운 것도 감동적이지만 교육 중에 졸지 않으려고 볼펜으로 손바닥을 찔렀다는 사실에 나는 감동을 받았다. 석 과장의 손바닥은 온통 새까만 볼펜 자국이었으며 군데군데 핏자국이 남아 있었다.

이 일이 있은 이후 나는 석 과장을 유심히 지켜보았다. 내가 자신에게 관심이 많다는 사실을 알게 된 석 과장은 매사에 적극적이 되었고 실적은 계속 올라갔다. 급기야는 최우수 사원 표창을 여러 번 받았다.

나중에 석 과장이 직원 간에 있어 물의를 일으켜 징계 대상이 된 적이 있었는데, 나는 여러 가지 사정을 고려하여 석 과장에게 가벼운 징계를 내리는 선에서 마무리 지었다. 석 과장이 교육을 받으면서 볼펜으로 손바닥을 찔렀던 일이 나중의 징계를 가볍게 하는 데 원인으로 작용하였음은 물론이다.

하여간 나는 이때부터 사장이 아니라 교육팀장이 되어 버렸다. 한 달 중에 2주일은 약 20여 권의 책을 읽으며 교육 자료를 만들고, 2주일은 순회 교육을 하고, 1주일은 외부 거래선을 만났다. 이때 내가 열성적으로 했던 강의 내용은 외부에도 소문이 나서 강의 요청이 쇄도하기 시작했다. 그런 와중에 우리의 한 경쟁 회사에서 나에게 강의를 부탁하는 해프닝도 있었다.

이때 나는 직원 전체를 모아서 집체 교육을 해야 할 필요성을 느꼈다. 그러나 막상 전 직원을 대상으로 같은 장소, 같은 시간에 교육을 하려니까 비용 문제가 뒤따랐다. 물론 임원들도 극렬하게 반대를 했다.

"지금 회사의 누적 부채가 얼만데 전 직원이 한가하게 그따위 신선놀음을 할 때냐?"

"저 친구 회사 말아먹겠어."

이런 식의 악성 비방이 그치지 않았다. 그러나 나는 그런 비아냥거림과 조소, 악성 비방에도 아랑곳하지 않고 꿋꿋이 내 소신을 밀고 갔다.

앞에서도 이야기했듯이 나는 직원들의 이름과 신상명세를 전부 외우고 있다고 자부하고 있었다. 그리고 직원들에게 '아이엠' 교육을 시작하면서 교육 시간 중에 틈만 나면 직원들의 이름을 불러 주었다. 이름이 불리어진 직원들은 교육 내용을 적극적으로 실천한다는 것을 익히 알고 있는 나로서는 직원들의 이름을 일일이 불러주는 일을 게을리

할 수 없었다. 그러다 보면 갓 입사한 지방 매장 신입사원의 얼굴과 마주 칠 때도 있었다. 그들의 표정은 도전적이다.

'설마 내 이름을 알겠어. 나는 지방의 조그만 점포에 이제 갓 입사한 신입사원인데…'

이런 기회를 나는 결코 놓치지 않았다. 이런 눈빛이 감지되면 나는 어김없이 그 직원의 이름을 불러주고 간단한 신상에 대해 안부를 물었다. 나는 지금도 그때 직원들의 표정을 잊지 못한다. 그들의 표정은 감동 그 자체였으며, 내가 원한다면 짚단을 지고 불 속으로라도 뛰어들 기세였다. 그러한 마력 같은 이름 부르기의 요술을 아는 내가 직원들의 이름을 외우는 일을 게을리 했을 리가 없다.

그러던 어느 날이다. 교육 도중에 여직원의 이름을 부르려고 했다. 그런데 이상하게도 몇몇 여직원들의 얼굴이 생소했다. 신상명세서에서 본 것과는 너무나 달랐다. 아무리 기억을 하려고 해도 기억이 나지 않았다. 나는 머뭇거리지도, 돌아가지도 않았다. 그렇게 하면 오히려 그 직원의 기분을 상하게 한다는 것을 잘 알고 있었기 때문이다. 나는 '실례지만 언제 입사한 누구냐'고 물어보았다.

그러자 그 직원은 몹시 당황했고 주변의 직원들은 폭소를 터뜨렸다.

"사장님! 걔, 지금 '변장' 하고 나온 거예요."

여직원들은 머리를 커트하고 염색이라도 하면 다른 모습으로 변한다. 게다가 화장을 조금 다르게 하면 완전히 다른 사람처럼 보인다. 그 직원이 바로 그랬던 것이다. 직원들은 이를 '변장' 이라고 불렀다.

당시 TV 화장품 광고에 이런 말이 있었다.

'여자의 변신은 무죄다.'

하지만 나에게는 여자의 변신은 유죄였다.

상대의 이름을
기억하고 불러주라

　사람은 누구나 자신을 알아주는 것을 좋아한다. 상대방의 이름을 기억하고 불러주라. 그러면 상대방의 신뢰를 얻을 수 있고 상대방의 열정을 쉽게 이끌어 낼 수 있다. 몇 년 만에 우연히 만난 사람이 자신의 이름을 기억하고 불러주는데도 자신은 정작 그 사람의 이름을 기억하지 못해서 미안해 한 적이 있는가? 그때 자신의 이름을 불러준 사람에 대한 감정은 어떠했는가? 자신의 이름은 이 세상에서 가장 달콤한 말이라는 것을 기억하라.

14

공주병에 걸리자

　　여전히 회사에는 희망의 기미가 보이지 않았지만 그래도 다행스러운 일이 생기고 있었다. 내가 몸소 아침마다 직원들에게 인사를 시작하자 그것만으로도 직원들 사이에 전과 달리 훈훈한 기운이 감도는 것을 느낄 수 있었다.

　　예전에는 직원들도 끼리끼리 어울려 다니면서 누군가를 흉보는 듯 수군거렸다. 하지만 이제는 그런 모습을 잘 찾아

볼 수 없었다. 누가 먼저랄 것 없이 지위 고하를 떠나서 서로 인사를 정겹게 주고받는 모습을 자주 볼 수 있었다. 직원들 사이에 가로놓인 벽이 조금씩 허물어지는 듯했다.

게다가 '아이엠' 교육이 조금씩 직원들을 변화시켜나가는 듯했다. 하루아침에 사람이 완전히 변하기를 기대하는 것은 무리이겠지만, 시간이 좀 더 지나면 직원들은 내가 머릿속에 그리고 있는 '아이엠 인재'가 될 거라는 확신을 가지고 있었다. 하지만 아직 회사의 위기가 극복되지 않는 상황이라서 다들 어딘가 모르게 근심스런 모습을 하고 있었다.

그러던 어느 날 나는 상품기획부 조 과장을 찾았다.

"자네도 알다시피 내가 아침마다 전 직원에게 인사를 하니까 전보다 훨씬 회사 분위기가 좋아진 것 같지 않나? 내가 아침 인사를 하게 된 이유는 직원들과의 형식적인 관계를 지양하고 좀 더 인간적인 관계를 이끌어내기 위해서일세. 그리고 나는 직원들에게 '공주병에 걸리자'는 캠페인을 벌이려고 하네."

"네? 지금 상황에선 악착같이 정신을 차려야 하는 것 아닙니까? 사장님."

"글쎄, 자네 말도 일리는 있는데, '공주병'의 의미를 잘 알게 된다면 내 말의 뜻을 이해할 수 있을 걸세. 이건 말이야, '아이엠'과 연결이 되는 거야. 내가 하는 교육만으로는 시간이 제한적이라 전 직원의 마음 깊숙이 '아이엠' 정신이 뿌리를 내리려면 많은 시일이 걸릴 것이네. 그래서 말인데 이 '아이엠' 정신을 단기간에 확산시키려고 '공주병에 걸리자'는 캠페인을 벌이려고 하는 것이라네. '아이엠'의 정신과 '공주병에 걸리자'가 딱 맞아 떨어지지 않는가? '아이엠'이 이론이라면 '공주병에 걸리자'는 실천인 셈이지. 자기 자신을 스스로 존중할 때 직원들의 잠재능력이 최대한 발휘될 수 있을 게 아닌가? 자기 자신을 보잘것없다고 생각하고 그렇게 살아가는 사람에게는 그만한 역량 밖에 생기지 않는 것일세."

내 이야기를 하나도 빠뜨리지 않겠다는 듯이 경청하던 조 과장이 입을 열었다.

"좋은 생각이시네요. 아침 인사보다 더 업그레이드된 프로젝트 같습니다. 아침 인사는 타인과 타인 사이의 관계의

개선에 초점이 맞추어졌다면, '공주병에 걸리자'는 자기 자신의 변화에 초점을 맞춘 것이군요. 그게 잘만 실현된다면 우리 회사의 역량이 지금보다 수십 배 향상될 것 같습니다."

"그래, 잘 보았네. 자네가 구심점이 되어서 '공주병에 걸리자'는 캠페인이 단기간에 뿌리를 내릴 수 있도록 역할을 해 주기를 바라네."

"예. 잘 알겠습니다. 제가 예전에 독불장군으로 직원들과 잘 조화를 하지 못했다는 것을 사장님께서 염두에 두고 계신 것 같습니다만, 염려하지 마십시오. 저는 이제 예전의 제가 아닙니다. 사장님께서 하고 계시는 일을 저는 깊이 신뢰하고 있습니다. 제가 앞장서서 '아이엠'의 전도사가 되겠습니다."

"조 과장. 다시 한 번 말하지만 '아이엠'이 이론이라면 '공주병에 걸리자'는 캠페인은 실천이라네. 이 둘은 서로 다른 것이 아니라네."

"예. 잘 알겠습니다. 회사 전체에 사장님의 '아이엠' 정신이 확산될 수 있도록 제가 솔선수범하겠습니다."

회사 로비는 물론 각 부서 사무실 벽에 '공주병에 걸리자'는 표어가 게시됐다. 또한 아침 조회 시간에는 세 번에 걸쳐 '공주병에 걸리자'는 구호를 외치게 했다. 간부 직원들에게는 평직원을 공주와 왕자로 대우하라고 지침을 내렸다.

업무 권한을 평직원에게 대폭 넘겨주고 직원들이 주체적으로 일을 할 수 있도록 했다. 이를 일컬어 '임파워먼트'라고 하는데 나는 임파워먼트 이론의 신봉자다. 누군가가 나를 전폭적으로 신뢰하며 업무 권한을 대폭 넘겨준다면 나는 어떻게 할 것인가? 두말할 것도 없이 나는 혼신의 힘을 기울여 내 능력을 발휘하려고 할 것이다. 내가 그렇다면 직원들도 마찬가지라는 것이 나의 신념이다.

누군가는 나의 임파워먼트에 대한 믿음에 대해 얌체 같다고 했다. 내가 해야 할 일을 직원들에게 대폭 넘겨주고도 직원들이 그 일을 훌륭하게 처리해 낸다면 나는 일을 하지 않아도 될 것이다. 물론 그 시간에 나는 또 다른 일을 하고 있겠지만 말이다.

하여간 나는 동물적인 본능으로 임파워먼트의 필요성을

깨닫고 이를 회사 전체에 확산시키려고 했다. 그렇게 된다면 직원들은 자신을 스스로 중요한 사람으로 느끼고 실제로 중요한 일들을 잘 처리할 수 있을 것이라고 나는 굳게 믿었다.

나는 '공주병에 걸리자'는 캠페인과 함께 매장 마감 시간을 단축시켰다. 그랬더니 판매사원들은 일일이 고객들에게 전화를 걸어 마감 시간 전에 매장을 찾을 수 있도록 판촉 활동을 했다. 매출액이 줄어들기는커녕 조금씩 상승 곡선을 그리기 시작했다.

이 역시 처음에는 말이 많았다.

"사장이 입원 치료 단계에 이른 것 아냐? 청바지 회사가 인류평화사업이라고 하질 않나. 게다가 매장 영업시간 단축은 또 뭐야? 한 시간이라도 매장 문을 더 빨리 열어야 청바지 한 벌이라도 더 파는 게 아니냐구!"

하는 비아냥거림과 더불어,

"아닌 밤중에 홍두깨처럼 '공주병'은 뭐고, 또 '왕자병'은 다 뭐야? 지금은 허리띠를 바짝 졸라매도 될까 말까인데……."

임원들은 어김없이 또 이런 불평을 내뱉었다.

하지만 나는 평상심을 잃지 않고 나의 길을 걸어 갔다.

'그래, 누가 뭐라든지 상관없이 내가 믿고 있는 길을 걸어가는 거야.'

시간이 점점 흐르자 직원들의 눈빛과 태도가 확연히 달라지는 것을 감지할 수 있었다.

언젠가 마케팅실 직원들과 함께 식사를 마친 후의 일이다. 한 새내기 직원이 나에게 말을 걸어왔다.

"사장님, 저는 여기 청바지 회사에 들어온 것이 창피했습니다. 첫 한 달은 다른 회사에 입사지원서를 내면서 시간만 때웠습니다. 그런데 시간이 흐르면서 사장님이 이 회사를 살리기 위해 몸을 사리지 않는 것을 알게 되고는 생각이 달라졌습니다. 사장님, 저는 아직 가정이 없는 몸입니다. 젊을 때 고생은 돈 주고 사서도 한다는데, 여기서 한번 끝까지 최선을 다하는 것도 먼 훗날 아름다운 추억으로 남을 것입니다. 전 아침마다 거울을 보면서 '난 왕자다', '난 최고다', '난 십 년 후 최고의 CEO가 된다'고 외치고 있습니다. 전철 속에서도, 업무 중간 중간 토막 시간에도 그렇게 다짐하고 있습니다. 이것은 사장님께서 '공주병에 걸리자'는 캠페인을 벌이기 시작하면서 실천하게 되었습니다. 아직 뚜렷한 성과는 없습니다. 하지만 의욕이 전보다 몇 십 배 더 커진 것은 확실합니다. 저뿐만 아니라 저의 동기들도 마찬가지입니다. 그리고 우리가 인류평화산업에 종사하고 있다는 사장님의 말씀은 제 직업에 자부심을 갖게 해 주었습니다."

한 여직원은 나에게 이런 농담 섞인 감사의 말을 건네기도 했다.

"사장님, 정말 감사 드려요. 사장님 덕에 시집을 가게 될 것 같아요. 제가 공주병에 걸렸더니 남자들이 줄줄 나를 따라다니더라구요. 아무래도 몸치장도 더 신경을 쓰게 되고, 매사에 자신감을 가지고 사람들을 대하다 보니 남자들이 저를 좋아하게 되었나 봐요. 호호호."

'공주병에 걸리자'는 캠페인을 실천하며 판매 실적을 획기적으로 올린 사례, 시집 잘 간 사례 외에도 자신의 인생을 180도로 바꾼 사례도 있다. Y라는 판매사원의 이야기다. Y는 고등학교 때 전교 꼴찌였고 3학년 때는 가출을 해서 42일간이나 결석을 했다. 어떤 임원은 어떻게 이런 사람이 우리 회사에 들어올 수 있는지 한심스럽다고 했다.

그런데 Y가 아이엠 운동이 시작되면서 공주병에 단단히 걸려버렸다. Y는 공주처럼 품위 있게 말 한마디, 행동 하나 신경을 쓰기 시작했다. Y는 완전히 다른 사람이 되어버렸다. 그녀는 매사에 솔선수범하였고 회사의 온갖 궂은일을 도맡아 하더니 급기야는 연속 2달 최우수 사원에 선정되는 이변을 연출하였다. Y가 변화하는 것을 지켜본 주변 사람들은 하나같이 공주병의 위력을 절감했다고 했다.

'그래, 아이엠이 회사와 우리 모두가 살 길이야!'

사실 Y는 내가 뽑은 직원이다. 내가 이 회사의 사장이 되고 난 뒤 얼마 되지 않아서 신입사원 채용 면접이 있었다. 이때 Y의 생활기록부가 눈에 확 띄었다. 고등학교 3학년 때 성적이 전교 꼴찌였고 결석 일수가 무려 42일이나 되었다.

이 정도의 사람이면 인사부의 서류전형에서 탈락했을 텐데 최종 면접까지 올라온 것을 보니 사정이 있는 것 같았다. 나중에 안 사실이지만 Y가 최종 면접까지 올라온 것은 인사부의 업무 착오였다고 한다. 나는 그때 전교 꼴찌의 성적표를 처음 보았기 때문에 호기심이 발동했다.

"전교 꼴찌를 하는 것도 쉬운 일은 아닐 텐데 어떻게 전교 꼴찌를 하게 되었습니까?"

"예. 사실 저는 머리가 그렇게 나쁜 편은 아닌데 아예 공부에 관심이 없었기 때문에 성적에는 신경을 안 쓰고 거의 백지를 제출하였습니다."

"Y씨, 그런 말은 누구나 할 수 있는 핑계라고 생각되는데, 이런 성적으로는 합격할 수 없다는 사실을 잘 알고 있지요?"

"저는 그렇게 생각하지 않습니다. 회사는 고등학교 때의 성적이 아니라 저의 인성과 자질을 보고 선택을 할 것으로 생각합니다."

"아니, 결석도 무려 42일이나 했던데 이것은 어떻게 설명할 수 있나요? 도저히 성실한 사람으로 생각되지는 않는데요."

"예. 제가 고등학교 3학년 때 저를 어릴 적부터 키워주셨던 할머니가 돌아가셨습니다. 그 때 저는 정신적인 충격을 받았고 이러한 나의 감정을 이해해 주지 못하고 공부만 강요하시는 아버지의 일방적인 태도에 대한 반항으로 가출을 하였습니다."

이 때 면접을 함께 하던 면접관들의 표정이 일그러지고 있는 것을 감지할 수 있었다.

'뭐야, 전교 꼴찌도 모자라서 이젠 가출까지 했던 사람을 뽑아야 하나. 우리 회사가 아무리 어렵다고 해도 이건 너무한 거 아니야?'

이런 생각들을 하고 있는 듯 했다. 그러나 나는 생각이 달랐다. 우선 Y의 태도가 너무도 진실하였다. 가출한 사실은 본인이 이야기하지 않으면 우리는 알 수가 없다. 그런데도 Y는 당당하게 그 사실을 밝혔던 것이다. 그 이후에도 오랫동안 나의 질문이 이어졌고 Y는 우선 합격하고 보자는 생각으로 거짓말을 하는 것이 아니라 당당하게 자신의 생각을 밝혔다. 나는 Y에 대한 호기심이 호감으로 바뀌는 것을 느꼈다.

그 당시 회사 규정에 따르면 면접관들의 합의로 합격 여부가 결정되었다. 나는 Y가 솔직할 뿐만 아니라 일에 대한 열정이 높고 성취동기가 매우 강렬함을 느낄 수 있었다. 나는 Y를 뽑고 싶었다. 나는 순간적으로 이렇게 말했다.

"Y씨, 아무리 그래도 이런 이력서를 보고 우리가 선뜻 채용할 수는 없을 것 같네요. 우선 본인이 그렇게 자신만만하게 이야기를 하니까 우리 내기를 한번 해 봅시다."

나의 갑작스런 제안에 Y뿐만 아니라 다른 면접관들도 술렁거렸다. 나는 천연덕스럽게 말을 이어갔다.

"만약 Y씨가 입사 후 1년 안에 최우수 사원이 되지 못하면, 그 때는 아무런 조건 없이 퇴사하는 것입니다."

물론 이러한 제안이 말도 안 되는 것이라는 것을 나도 잘 안다. 다른 면접관들은 황당무계하였을 것이다. 그러나 나는 그녀의 태도가 너무나 확신에 차 있어서 꼭 기회를 줘야 한다는 의무감에 사로잡혔다.

그리고 이 Y라는 직원이 실제로 최우수 사원이 된다면 내가 진행하고 있는 '아이엠' 교육과 '공주병에 걸리자'는 캠페인이 더욱 탄력을 받을 수 있으리라는 생각도 한 몫을 했다. Y는 이러한 우여곡절 끝에 합격을 한 것이다. 다른 면접관들도 입사지원자의 면전에서 이미 저질러 버린 나의 결정을 차마 뒤집지 못하고 채용에 동의를 하였던 것이다.

상대방의 능력을
믿고 존중하라

'임파워먼트' 란 상대방을 믿는 것이다. 우리는 믿는 만큼 능력을 발휘한다. 자신을 존중하고 믿어 주면 자신의 능력을 최대한 발휘한다. 임파워먼트란 형식적으로 일을 넘겨 주는 것이 아니라 상대방을 진심으로 믿어주는 것이다. '공주병' 이 자신을 스스로 믿고 존중하는 것이라면 임파워먼트는 내가 상대방을 믿고 존중해 주는 것이다. '아이엠' 이 자신의 능력을 최대한 발휘할 수 있도록 해 주는 것이라면 '임파워먼트' 는 상대방의 능력을 최대한 발휘할 수 있도록 도와주는 것이다.

15

자신을 업그레이드하라

나는 직원들의 자신감을 회복시키기 위한 또 하나의 대책으로 독서 토론을 하기로 했다. 이것은 내 실제 경험에서 비롯한 것인데, 잠시 이 이야기를 하기로 한다.

나는 고등학교 시절에 문예부장을 했었다. 내가 다니던 학교는 명문과는 거리가 멀었고 또 문예부 학생들의 수준도 그다지 높지 않았다. 하지만 나는 문예부장이 되었을 때

후배들과 집중적으로 독서 토론을 했고 습작도 많이 했다. 그랬더니 놀라운 결과가 나타났다. 전국 규모의 백일장에서 우리 문예부 학생들이 대거 수상을 한 것이다. 이것은 학업 성취에도 연결이 되었다. 나중에 문예부 출신들은 서울의 명문 대학에 대거 합격하였다.

이런 경험을 토대로 나는 직원들에게 책을 읽게 하고 독서 토론을 하도록 했다. 주말에는 아예 회사 업무를 중지하고 전 직원이 팀별, 부서별 독서 토론회를 가질 수 있게 했다. 단지 책을 읽고 독후감만 쓰고 끝내는 것이 아니라 다른 견해를 가진 사람들과 치열하게 토론을 벌이도록 했다. 그러면서 문제의식과 비판 의식, 논리력 등을 강화하게 했다.

물론 독서 토론은 마케팅, 경제 경영, 그리고 자기계발과 관련된 책이 주류를 이루었다. 나는 직원들이 독서토론을 할 책을 직접 선정했다. 이 때 내가 내용도 모르는 책을 선정해서는 안 될 것이고, 또 회사의 업무에 도움이 되는 책을 선정해야 했으므로 한 권의 책을 선정하기 위해서 나는 수 십 권의 책을 읽었다. 따라서 본의 아니게 나도 독서를 많이 하게 된 것이다.

독서 토론도 처음에는 잡음이 많았다.

"그렇게 독서를 많이 하고 공부를 했으면 내가 이 회사에 왜 들어왔겠어? 다들 고만고만하니 이 회사에 다니고 있는 건데 이제 와서 독서며 독서 토론은 뭐냐구?"

하지만 나는 불도저식으로 밀고 나갔다.

나는 본사 직원들이 모여서 독서를 하는 교육장에서 함께 책을 읽었고 토론을 할 때는 직원들이 불편해 하는 것을 감안해 자리를 비켜주었다. 나는 직원들에게 이런 말을 했다.

"여러분은 모두 이 회사의 공주요, 왕자입니다. 저는 여러분을 모두 공주와 왕자로 대우하고 싶습니다. 그런데 문제는 여러분이 말로만 공주와 왕자가 되지 말고 실력으로 공주와 왕자가 되어야 합니다. 저는 여러분에게 독서와 독서 토론이라는 또 다른 업무를 맡기는 게 아닙니다. 독서와

독서 토론은 여러분 스스로 자신의 잠재 능력과 업무 능력을 향상시키기 위해 하는 것입니다. 그래야만 여러분은 진정한 공주와 왕자로 거듭날 수 있고, 위기에 처한 우리 회사도 모두가 부러워할 '궁전'으로 거듭날 수 있는 것입니다."

임원들에게는 이런 말을 했다.

"임원 여러분, 언제까지나 인재 타령만 하고 있을 수는 없습니다. 이제부터는 우리 직원들을 다른 계열사 직원들과 비교하지 맙시다. 아직 잠재 능력이 계발되지 않은 직원들 한 명 한 명은 진흙 속의 진주나 마찬가지입니다. 직장생활의 선배인 여러분이 이들 한 명 한 명이 뛰어난 능력을 발휘할 수 있도록 도와주셔야 합니다. 여러분들만 왕자이고 다른 직원들은 머슴인 시대는 이미 지나갔습니다. 여러분이 왕자라면 다른 직원들도 모두 왕자여야 합니다. 여러분이 왕자이니까 직원들을 왕자와 공주로 만드는 것은 어려운 일이 아니라고 생각합니다."

역시 임원들은 내 말을 달가워하지 않는 눈치였다. 하지만 쓸 만한 직원들이 없다는 불평 뒤에는 자신은 뛰어나다는 전제가 깔려있다는 내 지적에는 다들 뜨끔한 표정을 감추지 못했다.

유일하게 디자인실 김 이사가 내 의견에 동조했다. 섬세한 디자인 쪽 일을 하는 김 이사는 논리적인 점보다는 감성적인 점을 중시해서 그런지 내가 그동안 열정적으로 회사를 위해 헌신하는 모습에 영향을 받은 듯했다.

"사장님, 좋은 말씀하셨습니다. 저는 지금까지 직원들의 능력이 모자라다고 불평만 해왔을 뿐 직원들의 역량을 키우는 데에는 조금도 노력을 기울이지 않았습니다. 사장님 말씀을 듣고 보니 이제까지 나 혼자만 잘났다는 생각을 해온 것 같습니다. 사장님은 온몸으로 뛰면서 직원들의 사기를 올려주려고 '공주병에 걸리자' 는 캠페인을 벌이고 있는데, 전 수수방관만 하고 있었습니다."

그 뒤로 디자인실 김 이사는 회의 때에 내 의견에 적극 동조하였고 내가 내린 지시를 잘 실천하는 듯했다. 김 이사는 '공주병에 걸리자' 는 캠페인에도 적극적으로 참여하였다.

독서는 매일 하는
식사와 같다

학교에서 배운 것만으로 평생 동안 우려먹으려고 하는 사람이 있다면 시대착오적인 발상이다. 현대 사회는 끊임없이 변하는 지식 사회이다. 지식이 포함되지 않는 상품은 없다. 자신을 업그레이드하기 위해 매일 1시간 이상 독서를 하라. 책을 읽는 것은 그 분야에서 뛰어난 사람들과 대화를 나누는 것과 같다. 책에는 저자의 수십 년 노하우가 축적된 보석과 같은 정보가 담겨있다. 책이나 업무를 통해서 배운 지식은 저장하고 가공해 자신만의 기술로 만들어라.

16

승부수를 띄워라

아직 뚜렷하게 매출이 증가된 것은 아니었지만 회사 전체적으로 활기가 가득 차는 것을 느낄 수 있었다. 직원들의 발걸음부터가 달랐다. 출근하는 직원들의 발걸음이 가벼우면서도 씩씩했다. 각 부서를 돌아보면, 다들 회의를 하고 토론을 하고 업무에 몰두하고 있었다. 모두 공주며 왕자가 된 양 의욕이 가득했다.

마케팅실 배 상무와 영업부 권 이사, 그리고 그의 측근들만 제외한다면 전반적으로 내가 원하는 방향으로 가고 있는 것을 분명히 느낄 수 있었다. 이제 승부수를 띄워야 할 때가 된 듯했다. 직원들은 준비가 된 듯 했다. 처음에는 직원들이 오합지졸처럼 중심을 잃고 있었지만 지금은 상황이 달라졌다. 투지에 불타오르는 눈빛의 직원들을 보면서 이제는 칼을 뽑아야 할 때임을 확신했다.

나는 상품기획부 조 과장을 불렀다.

"그 동안 직원들을 일일이 만나면서 나의 취지를 잘 전파해준 것을 고맙게 생각하네. 이제 때가 온 것 같네. 신상품을 출시해서 다른 회사에게 빼앗긴 시장을 되찾아야 할 때이네."

"네, 저도 그렇게 생각하고 있습니다. 지금 전 사원들이 오랫동안 훈련한 무사들처럼 강렬한 투지에 불타고 있습니다."

"그래, 잘 보았네. 자네, 새로운 상품을 기획해보게. 청바지 시장의 판도를 완전히 바꾸어 놓을 수 있는 획기적인 것을 만들어보게. 디자인실 김 이사도 이젠 잘 따라주고 있네. 그러니 김 이사하고도 긴밀히 상의해보게."

"혹시 생각하고 계신 것이라도 있으십니까? 아니면 이번 상품 개발에 참고할 만한 아이디어라도 있으십니까?"

"내가 청바지에 대해서 아는 게 있나? 다만 전에도 얘기했다시피 이번에도 관계의 법칙을 알고 실천하면 성공하리라는 믿음이 있네."

"네?"

"고객의 관점에서 모든 것을 생각해 보게. 청바지를 사는 사람과 파는 사람을 이분법적으로 구분하지 말고 고객과 회사의 관계를 생각해 보게. 고객이 진정으로 원하는 것이 무엇인지를 고객의 입장에서 생각해 보라는 말일세."

또 하나, 신상품을 런칭하기에 앞서 준비할 게 있었다. 새 포도주는 새 부대에 담는다는 말이 있듯이 새 상품을 진열할 매장의 인테리어도 확 바꿀 필요가 있었다. 아무리 좋은 상품을 내놓는다고 해도 기존의 매장 이미지에 짓눌려 제대로 빛을 발하지 못할 우려가 있었다.

전국의 매장 인테리어를 바꾸는 데에는 엄청나게 많은 비용을 감수해야 했다. 인테리어 팀에서 견적을 뽑아온 것을 보니, 매장당 인테리어 비용이 1억 원 가량 나왔다. 너무 많은 비용이었고 그 비용을 충당할 수 있는 방법도 없었다.

나는 인테리어팀 회의를 소집했다. 인테리어 비용을 어떻게 하면 대폭 줄일 수 있는지를 토의하는 회의였다. 회의를 잠자코 지켜보고 있던 나는 답답하기 그지없었다. 이미 자신들이 뽑아온 견적은 비용을 줄일 대로 줄인 최소 비용이라는 것이었다. 어떠한 건설적인 내용도 논의되지 않았다. 나는 회의를 중단시키고 인테리어팀 전원에게 내일 일본으로 출장 갈 준비를 해서 출근을 하라고 지시했다.

인테리어팀과 나는 일본에 가서 3일 동안 하라주꾸와 신주꾸의 매장들을 둘러보았다. 출장 내내 인테리어 담당자들은 긴장했다. 매장의 인테리어를 둘러보면서 나는 끊임없이 질문을 했다. 나는 인테리어에 관해서는 문외한이기 때문에 어찌해 볼 도리가 없었다. 인테리어팀 직원들이 주인의식을 발휘해 자발적으로 해결해 보려는 의지가 없으면 도저히 불가능한 일이었다. 그래서 나는 직원들의 열정을 이끌어낼 의도로 그들의 자존심을 자극할 질문을 끊임없이 했던 것이다.

당시 일본은 10년이 넘는 장기불황에 빠져 있었다. 우리 회사처럼 일본의 회사들도 인테리어 비용이 부담이 되었을 것이다. 그러니까 일본은 이미 이에 대한 해결책이 있지 않을까 하는 것이 내 생각이었다. 나는 인테리어에 관한 한 문외한이지만 전문가인 인테리어팀 직원들은 일본에서 무언가를 배울 수 있지 않을까 하는 생각으로 회의 도중에 일본 출장을 결정했던 것이다.

"저 인테리어의 소재는 무엇입니까?"

"저 인테리어는 무엇을 표현하고 있는 겁니까?"

"저 인테리어는 비용이 얼마나 듭니까?"

나는 여러 가지 질문을 했지만 결국은 비용에 초점을 맞추고 있었다. 저녁에는 긴자 거리에서 정종 잔을 기울이며 그들의 전문가적 열정을 유발하기 위해 애썼다. 밤을 꼬박 세워가면서 쏟아대는 질문의 요지를 파악한 직원들은 심각하게 고민하였다.

그러나 나는 우리 회사의 인테리어 비용이 비싸다는 등의 소모적인 말은 한마디도 하지 않았다. 단지 여러분은 전문가이니까 전문가적인 입장에서 지금의 문제를 해결할 방법이 없겠는가 하는 문제 제기만 했을 뿐이다. 나는 그들이 진정으로 고민해 주기를 바랐다. 그래서 사무실에서 회의를 하는 것보다 일본 출장을 선택했고 그들의 주인의식에 호소한 것이다.

일본 출장을 다녀온 뒤 일주일이 지났을 때다. 인테리어 팀의 도 팀장이 찾아왔다. 자신의 친구가 잘 아는 사람이 일본에서 매장 전문 인테리어 회사를 운영하고 있다면서 그 회사와 거래를 해보고 싶다고 했다.

도 팀장은 팀원들과 일본 인테리어 시장 상황과 트렌드를 샅샅이 조사했을 뿐 아니라 지인을 동원해 거래선까지 알아본 것이다.

원래 매장 인테리어는 대부분 이태리 수입산 제품으로 하는 게 관례였다. 다른 곳보다 화려하고 강렬하게 소비자에게 어필하는 게 매장 인테리어의 최우선 과제였기 때문이다. 급히 도 팀장을 일본으로 급파했다. 그는 희소식을 들고 돌아왔다.

"사장님, 대단한 성과입니다. 일본 인테리어 회사의 제품은 품질도 나무랄 데 없고 가격도 이태리 제품보다 훨씬 저

렴합니다. 한국에서는 인테리어 자재를 이태리에서 수입한 것을 쓰기 때문에 가격이 엄청나게 비쌉니다. 그런데 우리가 직접 일본으로부터 자재를 수입하고 인테리어 업체에게 설치 용역만을 준다면 비용을 크게 절감할 수 있습니다. 계산을 해보니까 한 매장당 1억 원이 들던 비용을 5천 만 원으로 대폭 줄일 수 있습니다."

매장 인테리어 문제 해결에 이어 또 다른 결정적인 수확이 있었다. 며칠 전 나는 최전방 직원들인 판매 직원들과 이박삼일 단합대회를 했는데, 이를 통해 다 쓰러져가는 회사를 다시 살려낼 수 있는 번쩍이는 아이디어를 얻을 수 있었다.

저녁 무렵 맥주를 마시면서 직장 생활의 고충이며 매장 인테리어 개선 방향, 그리고 신상품에 대한 생각 등을 이야기하고 있었다. 이때 판매 사원들 대부분이 추리닝을 입고 있었는데 P라는 여사원만 유독 청바지를 입고 있었다. P는 단합대회 장소에 오는 도중에 가방을 분실했다. P는 미운 오리 새끼 마냥 단합대회 내내 눈에 뜨일 수밖에 없었다. 그런 그가 청바지 밑단을 접어 올려 종아리가 드러났다.

그것을 보고 그의 동료 중에 한 명이 이런 말을 내뱉었다.

"그렇게 하고 다닌다고 숏다리가 롱다리 되겠어."

무심코 그 말을 들은 나는 생각했다. 여자들은 키에 민감하다. 그래서 하이힐을 신고 다니고 조금이라고 키가 커 보이게 코디를 하고 다닌다. 가만 생각해보니 키가 작을 경우에는 밑단을 접어 올리면 키가 커 보일 성 싶었다. 그건 착시 효과를 유발하는 것이었다. 그런 생각이 들자마자 나는 옆에 있던 조 과장에게 말했다.

"자네 저 말 들었지?"

"네."

"그렇다면, 숏다리가 롱다리로 보이게 하는 게 이번 우리 신 상품의 핵심 콘셉트로 삼는 게 어때?"

"아~! 그렇군요. 사장님. 아예 매장에 나온 청바지를 입기만 해도 키가 커 보이게 한다면 소비자들에게 크게 어필할 수 있겠습니다."

"그렇지? 따로 코디를 하지 않더라도 청바지 자체 디자인만으로 키가 커 보이게 하면 좋겠어."

아니나 다를까, 마케팅실 배 상무가 나서며 반대 의견을 피력했다.

"사장님, 전 반대입니다. 지금은 청바지 시장이 춘추전국시대를 방불케 하고 있습니다. 이때는 몸을 사리고 현상 유지만 해도 감지덕지입니다. 이런 때 신상품을 출시하는 모험을 한다면 회사는 곧바로 도산으로 이어지고 말 게 뻔합니다."

그러자 영업부 권 이사도 반대하고 나섰다.

"네, 저도 배 상무님의 의견에 동의합니다. 지금은 신상품을 개발하기보다는 창고에 먼지가 쌓여 있는 재고를 효과적으로 판매하는 전략을 모색해야 합니다."

디자인실 김 이사가 유일하게 내 의견에 동조했다.

"저는 사장님의 의견에 적극 찬성합니다. 현상 유지며, 재고 판매 전략은 임시방편에 불과합니다. 사장님께서 오신 후 이제는 직원들의 사기가 충만해 있습니다. 디자인실만해도 전에는 전혀 생각지도 못했던 기발한 디자인들이 매일 같이 쏟아져 나오고 있습니다. 저도 이렇게까지 직원들의 실력이 일취월장하리라고는 생각하지 못했습니다. 일부 디자인은 정말 세계 디자인 경진 대회에 내놓아도 손색이 없을 정도입니다. 우리 디자이너들은 디자인 스쿨에 등록을 해서 자신들의 부족한 부분을 보충해왔습니다. 저는이들이 반드시 큰일을 해낼 것이라고 믿습니다. 반드시 새로운 상품을 출시해야 합니다. 그렇지 않는다면 우리 디자이너들의 존재 이유가 없습니다."

마케팅실 배 상무가 시큰둥하게 딴죽을 걸었다.

"안 된다니까요! 우리 회사 직원들은 다 실력이 모자라잖아요? 그들의 힘으론 경쟁력이 없어요. 신상품을 출시하는 것 보다는 차라리 외국의 유명 청바지 회사와 전략적 제휴를 하고 외국 유명 브랜드 상품을 출시하는 게 더 나을 겁니다. 젊은 애들은 외국 청바지라면 깜빡 죽잖아요. 그리고 그룹에서도 우리를 혹 같은 존재로 여기고 있는데 이참에 완전히 갈라서는 겁니다. 사장님과 저희 임원들은 그대로 자리를 보전하는 조건으로 외국계 기업이 우리 회사를 인수하도록 하는 겁니다. 그룹에서는 막대한 채무를 일시에 탕감할 수 있으니까 좋아하지 않겠습니까? 누이 좋고 매부 좋은 거지요. 안 그렇습니까?"

디자인실 김 이사가 배 상무의 의견에 반대하고 나섰다.

"아니지요. 사장님과 네 임원들은 살아남는다 하더라도 직원들의 안위는 보장할 수 없지 않습니까? 외국계 기업이 우리 회사를 인수한다면 필시 대대적인 정리 해고가 뒤따를 텐데요. 그 수많은 직원들이 길거리로 나앉는 것은 어떻게 할 겁니까?"

격렬한 토론이 벌어졌지만 생산부 홍 이사는 눈만 말똥거리고 있었다. 내가 상황을 정리하고 나섰다.

"임원들의 의견은 잘 들었습니다. 모두 나름대로 일리가 있습니다. 문제는 현재의 재무 상태로는 얼마 가지 않아 우리 회사는 문을 닫게 된다는 것입니다. 그룹이 옆에서 버텨주고 있어서 그렇지 우리 회사만 독립하고 있었다면 우리는 이미 길바닥에 나앉아 있을 것입니다.

이런 상황에서 저는 8개월여 동안 회사의 체질을 바꾸는 데 역점을 두고 여러 방면에서 프로젝트를 진행시켜왔습니다. '아이엠' 교육, '공주병에 걸리자', 독서 토론 등이 그 깃입니다. 세가 이러한 프로젝트를 대대적으로 진행한 이유는 현재의 우리 역량과 패배의식으로는 아무 것도 할 수 없다고 판단했기 때문입니다.

객관적으로 볼 때 현재 우리 회사의 역량으로는 절대 지금의 위기를 극복할 수 없습니다. 이 때문에는 저는 직원들의 역량을 향상시키는 데 역점을 두었습니다. 이를 위해 저는 고민을 많이 했습니다. 우선 나 자신부터 변화해야겠다는 생각이 들었습니다. 내가 변해야 우리 회사도 변한다는 생각을 했습니다. 먼저 나는 나 자신을 변화하는 데 초점을 두었습니다."

내 말이 길게 이어지자 디자인실 김 이사는 귀를 쫑긋했고, 다른 두 명의 임원은 못마땅한 표정이었고, 생산부 홍 이사는 무표정으로 일관했다. 나는 진심으로 그들에게 협조를 구하고자 했다.

"그러다가 나는 어떤 스님으로부터 모든 것은 관계에 의해 비로소 존재하는 것이므로 이 관계의 법칙을 알고 실천하면 모든 문제가 풀린다는 지혜를 얻게 되었습니다. 바로 이 가르침으로부터 나는 변화하기 시작했습니다. 직원들과의 관계를 개선하려고 했고, 직원들의 잠재역량이 극대화되도록 진심으로 후원했던 것입니다. 이제 나는 직원들의 눈빛을 보면서 때가 왔다는 것을 절감했습니다. 저들에게 기회를 줄 때가 왔다는 생각이 들었습니다. 직원들에게 자신들의 변화된 역량을 증명할 수 있는 기회는 단 하나, 그것은 신상품 출시입니다. 새로운 상품을 내놓는 것만이 그간 우리 직원들의 변화된 역량을 유감없이 발휘시킬 수 있는 길입니다."

내 말이 끝나자마자 디자인실 김 이사가 입을 열었다.

"네, 저도 그렇게 생각합니다. 지금 우리 부서에는 전에 볼 수 없는 활기와 의욕이 하늘을 찌를 듯합니다. 그들은 말은 없어도 빨리 자신들에게 먹잇감을 달라고 하는 눈치입니다. 이제 맨 앞에 서 있는 임원들이 결단을 해야 할 때입니다. 그 동안 디자이너들은 열심히 새로운 디자인을 만들고 또 만들기를 되풀이해 왔습니다. 저들의 열정을 그대로 사장시키는 것은 결코 옳은 일이 아닙니다. 각 부서가 최선을 다해 힘을 합해 일한다면 반드시 좋은 성과를 낼 수 있을 것입니다."

마케팅실 배 상무와 영업부 권 이사가 내 얼굴과 김 이사의 얼굴을 번갈아 쳐다보이고 있다. 어태까지 사신들과 같은 노선에 있던 디자인실 김 이사가 젊은 사장 쪽으로 기울어진 것이 신기하면서도 못마땅했을 것이다.

계속해서 회의를 열었지만 안타깝게도 다른 두 임원은 비협조적인 태도를 철회하지 않았다. 하지만 나는 생각에 생각을 거듭한 끝에 결정을 내렸다.

"신상품 출시는 기정사실입니다. 곧바로 이 일을 추진해 주십시오. 디자인실에서 이미 밑그림을 다 그려 놓았습니다. 각 부서는 적극 동참해 주십시오. 저는 이번 프로젝트만큼은 매일 같이 업무 진행 상황을 체크하겠습니다. 방향은 정해졌습니다. 이제 우리 모두 한 방향으로 가야 합니다. 이 시점에서 신상품 출시에 반대하거나 문제를 일으키는 사람은 회사의 방침을 거스르는 사람으로 간주하고 엄중히 책임을 묻겠습니다."

상대방의 관점에서
바라보라

　내가 대우받고 싶은 대로 상대방을 대우하라. 파는 사람의 입장이 아니라 고객의 관점에서 생각하라. 내가 진정으로 상대방이 될 수는 없지만 상대방과 나의 관계, 고객과 나의 관계 속에서 문제를 해결할 수 있다. 상대방과 나를 이분법으로 구분 짓지 않고, 상대방과 나를 '관계' 속에서 이해하면 서로 '윈-윈' 하는 해답을 찾을 수 있다.

17

관계로 문제를 풀다

신상품 출시 결정이 내려
지자 전 부서가 일사불란하게 움직이기 시작했다. 디자인
실에는 불이 꺼지는 날이 없었다. 처음에는 소극적으로 따
라오던 마케팅실과 영업부도 디자인실을 의식해서인지 점
차 일에 집중해 가는 모습이었다.

여전히 마케팅실 배 상무와 영업부 권 이사는 팔짱을 낀
채로 방관하고 있었다. 두 부서 직원들은 임원들의 수수방

관하는 태도와는 달리 신상품 출시 준비로 분주하게 시간을 보냈다. 그 두 임원은 자기들의 부서 직원들로부터도 따돌림을 받는 눈치였다. 나는 날마다 업무 진행 상황을 체크하면서 모든 가능성을 점검해 나갔다. 내가 직접 모든 업무를 챙기고 직원들과 의사소통을 해나가자 어정쩡한 상태의 두 임원은 설 자리를 잃어가는 듯했다.

디자인실에서는 이미 하나의 상품을 결정했고, 생산부에서는 상품 제작에 돌입하고 있었다. 전국 매장도 연휴를 이용해 인테리어를 새로 했다. 그런데 문제가 생겼다. 조 과장으로부터 긴급한 소식이 들려왔다.

"사장님, 큰일 났습니다. 봉재, 워싱 등 하청업체들이 일정이 빠듯해서 우리 상품을 기일 안에 해줄 수 없다고 합니다. 하청업체들의 스케줄대로라면 적어도 두서너 달은 더 기다려야 할 것 같습니다. 들리는 소문으로는 다른 청바지 회사 쪽에서 간접적으로 방해를 하고 있는 것 같습니다."

"뭐라고?"

청바지를 비롯해 모든 의류는 모름지기 적절한 출시 시기가 상품 매출에 결정적인 영향을 미친다. 상품 출시 시기를 놓치면 아무리 좋은 상품을 내놓더라도 말짱 도루묵이다. 큰 걸림돌이 아닐 수 없었다.

"잠깐, 이럴 때일수록 관계를 알고 실천해야지 않겠나?"

"네?"

"난 이때까지 나 자신이 변하는 것을 큰 과제로 삼았었네. 그러다 보니 모든 문제는 관계 속에서 얽히기도 하고 또한 관계 속에서 풀려나간다는 것을 알게 되었다네. 그렇게 내가 변하면서 나와 직원과의 문제, 그리고 하청업체들과의 문제가 관계 속에서 온전히 해결되곤 했다네. 그렇다면 이제 관계의 법칙에서 해결책을 구해볼 차례인 거지. 잠깐 전화를 해야겠어."

나는 그 동안 일일이 찾아다니면서 인사를 하고 점심을 함께 했던 하청업체의 사장들에게 전화를 했다. 애초에 나는 아무런 목적 없이 다만 관계의 법칙을 실천하는 차원에서 하청업체 사장들을 만나왔다. 때문에 오늘 갑자기 전화를 건다고 해서 별다른 부담이 느껴지지는 않았다. 오랜만에 이웃에게 전화를 건다는 느낌이 들었다. 한편으로는 몇몇 사장들의 그간 소식이 궁금해지기도 했다.

"사장님, 안녕하세요? 저 M청바지 회사 사장 김현수입니다. ……네, 덕택에 잘 지내고 있습니다. 전에 소개해주신 횟집 참 좋던데, 언제 또 저랑 한잔 해야지 않겠습니까?"

조 과장은 긴장한 표정이었다.

"이번 우리 상품을 기일 안에 마치시기가 힘드시나 보죠? 일이 많은 거 보니 사업이 번창하시나 보네요. 우리 회사도 장사가 잘 돼야 할 텐데. ……하하. 네? 한번 놀러 오라고요? 저야 불러만 주신다면야 언제든지 가지요."

전화를 끊고, 또 전화하기를 반복했다.

어떤 하청업체 사장은 내가 직접 찾아가서 술자리를 함께 하고 나서야 기일 안에 우리 제품을 먼저 해주겠다는 약속을 해주었고, 어떤 사장은 전화할 때 "김 사장 거 먼저 해드려야지! 우리 산악회 멤버인데. 하하."하고 약속을 해주었다. 신기하게도 모든 하청업체 사장들이 마치 자기 일처럼 나서서 우리 회사 청바지를 기일 안에 마쳐주겠다고 했다.

신상품 출시 D데이가 가까워 오던 어느 날, 마케팅실 배 상무가 사표를 냈다. 나중에 알고 보니 이미 그는 다른 회사에 취직한 상태였다. 입지가 줄어든 영업부 권 이사는 뒤늦게나마 변화를 시도하는 듯했다. 직원들을 독려하는가 하면, 자신도 영업 전략을 짜내느라 고심하고 있는 게 분명했다.

광고 카피로 고민하던 조 과장이 물었다.

"사장님, 광고 기획사에서 여러 개의 카피를 뽑아 왔는데 어떤 걸로 결정을 할까요?"

"자네 생각은 어떤가?"

"저는 결정을 못 내렸습니다."

"자네, 여태까지 나와 함께 일해 오면서 아직도 헤매고 있나?"

"……"

"자네가 나라면 난관에 처하거나 어려운 사안을 결정해야 할 때 무엇으로부터 도움을 얻겠나?"

잠시 내 눈을 또렷이 응시하던 조 과장이 말했다.

"제가 사장님이라면 관계의 법칙을 실천할 것입니다."

"그래, 바로 그거야. 그럼 이번에도 관계의 관점에서 풀어보면 되지 않겠나? 이건 자네에게 위임할 테니 자네가 한번 처리해보게나."

조 과장은 놀라는 눈치였다. 그러면서도 큰 목소리로 말했다.

"네, 최선을 다해보겠습니다."

조 과장은 이번 상품의 주요 타깃인 20대 초반 여성들과 전국 판매사원들의 의견을 수렴해나갔다. 조 과장은 자신이 직접 결정하기 어려운 사안을 처리하기 위해 자신을 둘러싸고 있는 관계에서 해법을 찾고 있었다. 나와 관련된 모든 것은 곧 나의 또 다른 모습일 것이다. 모든 결과는 평소에 자신이 맺어온 관계의 진실성에 비례해서 나타난다.

여론 조사 결과, 99%의 여직원들이 선호하는 카피는 이것이었다.

"다리가 길어 보여요~!"

더 이상 재론의 여지는 불필요했다. 그제야 조 과장은 관계의 진정한 의미를 알 것 같았다.

곧바로 TV 광고, 일간지 광고, 각종 홍보물 제작을 마쳤다. 대대적으로 광고를 진행했고 전국의 매장에 신제품을 진열했다. 상품 제작과 광고 제작, 상품의 매장 입고, 이 모든 과정이 끝났다. D 데이를 하루 앞두고 본사는 물론 전국의 매장은 마치 전쟁을 치르는 전사들처럼 비장한 모습이었다.

늦은 저녁, 모두 퇴근한 회사에 혼자 남았다. 습관처럼 나는 내 손바닥을 복사한 것을 들여다봤다.

'이제 그 동안 내가 뿌린 대로 한 치의 오차도 없이 거두어들일 뿐이다.'

나는 사장실을 나가기 전에 메일을 열어보았다. 두 통의 메일이 들어와 있었다. 하나는 조 과장의 것이고 하나는 판매사원 P가 보낸 것이었다. 조과장의 메일을 먼저 열어보았다.

"사장님. 그 동안 수고 많으셨습니다. 사장님은 우리 직원들을 변화시키고 하나로 똘똘 뭉치게 만들었습니다. 이제 내일 신상품을 출시하게 되니 감개무량합니다. 수많은 난관을 겪을 때마다 곧 쓰러질 것만 같았는데, 사장님께서는 그 모든 난관을 헤쳐 나가셨습니다. 사장님의 열정적인 모습을 보면서 저는 많은 생각을 하게 되었습니다. 사장님께서 늘 강조하시던, '관계의 법칙'은 평생 잊지 못할 교훈이 될 것입니다. 이제 저는 기도하는 마음으로 내일을 기다립니다. 사장님, 이번 신제품이 회사를 구해내길 간절히 바

랍니다."

이어서 판매 사원 P의 메일을 열어보았다.

"사장님. 저 기억나세요? 단합대회 때에 청바지를 입고 있던 P예요. 그 동안 사장님께서 저희를 위해서 애쓰시는 것을 보고 너무 감사했어요. 여기 다른 언니들도 저와 같은 마음일 거예요. 청바지에 줄무늬 티셔츠 입고 다니는 사장님의 패션 감각이 뛰어나다고 다들 사장님을 좋아해요. 이번에 사장님이 심혈을 기울여 준비하신 상품이 나오게 되니까 여기 언니들과 동생들도 모두 자기 일처럼 가슴을 졸이고 있어요. 저는 오 년 동안 판매사원으로 일해 왔어요. 근데 지금처럼 가슴이 떨리긴 처음이에요. 이건 회사의 일이라는 생각이 안 들고 바로 내 일이다, 내 운명이 달린 일이다, 이런 생각이 드는 거예요. 이번 상품의 반응은 분명히 좋을 거예요. 언제가 저도 점장이 될 날이 올 건데, 그땐 정말 직원들을 인간적으로 대해줄 거예요. 사장님께서 늘 말씀하시던 '관계의 법칙'을 항상 명심하면서 살아갈게요. 사장님, 제발 이번 상품이 많이 팔려서 회사가 다시 일어날 수 있으면 좋겠어요. 꼭요."

갑자기 이 회사에서 보낸 일여 년의 시간이 영상처럼 스르르 머리를 스쳐갔다. 눈물이 핑 돌았다. 조 과장은 물론 이 나라의 끝에 있는 작은 매장의 여직원의 마음까지 움직이게 한 것은 바로 관계였다. 이 여직원의 가슴을 울리게 했듯이 우리 회사가 각고의 노력으로 만들어낸 청바지가 수많은 여성의 가슴을 울리기를 간절히 바랐다.

D데이. 전국의 매장이 일시에 오픈했다. 제품명은 'P405', 전국은 'P405'의 열풍에 휩싸였다.

큰 키가 아닌 아담한 키의 여자 탤런트를 모델로 기용한 CF 전략도 주효했다. 다들 어쩜 저렇게 다리가 길어 보이냐는 반응이었다. CF에는 아담하고 날씬한 키의 여자 탤런트와 외국 여자가 함께 나온다. 당연히 우리 회사의 청바지를 입은 한국 여자 탤런트가 훨씬 예쁘고 날씬했고, 국적 불명의 청바지를 입은 외국 여자는 상대적으로 몸이 둔하고 다리가 두꺼워 보여 실제보다 키가 작게 보였다.

그리고 우리의 'P405' 청바지를 입은 여자 탤런트는 광화문에서 붉은 악마가 되어 "대~한민국" 함성을 지른다. 키는 크지만 몸이 둔한 외국 여자는 외국 팀을 응원한다. 이어서 자랑스러운 우리 대한민국 선수가 결승골을 넣는다. 우리의 'P405' 청바지를 입은 여자 탤런트는 자리에서 일어나 두 팔을 번쩍 들어 올리며 승리의 기쁨에 도취된다. 카메라가 그 모습을 아래에서 잡았으니, 그 여자 탤런트가 얼마나 예쁘고 키가 커 보였겠는가?

CF는 키가 커 보이려는 여자들의 심리에 애국심을 연결시킨 것이었다. 대성공이었다. 연일 매장은 입추의 여지가 없을 정도로 인산인해를 이루었다. 시간이 지나도 'P405'의 인기는 식을 줄을 몰랐다. 그런 끝에 'P405' 청바지는 업계 사상 최초로 단일 품목만으로 단 숨에 천억 원의 매출을 기록하게 되었다.

현장에서
해답을 찾아라

    고객과 서비스가 만나는 접점을 '진실한 순간(Moment of Trouth, MOT)' 이라고 한다. 고객과 서비스가 관계를 맺는 접점이 현장이다. 관계 속에 모든 해답이 있기 때문에 고객과 서비스가 만나는 현장을 '진실한 순간' 이라고 한다. 진짜 '공주' 들과 '왕자' 들이 생활하고 있는 곳도 또한 현장이다. 어려운 문제일수록 현장에서 해답을 찾아라.

18

회사는 없다

"회장님, 그 동안 안녕하셨습니까?"

"그래, 자네도 잘 지냈나? 얼굴색이 많이 좋아 보이는군."

"네, 회장님 덕택입니다."

최 회장과 약속한 날이 돌아왔다. 작년 이맘 때 최 회장은 나에게 일 년의 시간을 주고 다 쓰러져가는 청바지 회사를 맡겼었다.

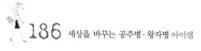

"그래 회사는 잘 되어가나? 난 최근 석 달 간 아내와 함께 유럽으로 가 있어서 회사 소식을 모르네. 계속 거기 있고 싶었는데 어제 저녁에 귀국했어. 자네와의 약속을 지켜야 하지 않겠나? 껄껄. 낼 모레 팔십을 앞두고 나는 아내와 함께 단 둘이 유럽 여행에 나섰네. 유럽 곳곳에 남겨져 있는 고대 유적지, 중세 성당, 그리고 사원들을 중심으로 여행을 했어. 젊었을 때도 그곳에 여러 번 갔었지. 근데 이상하게도 이번 여행은 감회가 새롭더구먼. 그게 다 나이가 들어가면서 얻게 되는 소득이라면 소득 같네."

나는 얼른 보고서를 펼쳐서 회장님에게 보여드리고 싶었다. 그런데 최 회장은 보고서에는 별 관심이 없는 듯해 보였다. 대그룹 총수의 자신감에서 비롯된 여유랄까, 말로는 표현하기 어려운 묘한 분위기가 느껴졌다.

"참 좋으셨겠습니다."

"좋다마다. 자네도 언제 시간 나면 부부 동반으로 여행을 해보게나. 난 이때까지 사업차 직원들과 세계 곳곳을 안 가본 곳이 없을 정도로 누비고 다녔지. 그런데 부부 동반 해외 여행은 이번이 처음이라네. 정작 이 세상에서 나와 가장 가

까운 아내와는 함께 단둘이 해외여행 한 번 못해봤다는 게 부끄러운 생각이 드네. 이제야 나도 철이 드는 걸까? 껄껄."

"어디가 제일 좋으셨습니까?"

"음, 난 고대 그리스 유적이 맘에 들어. 아무래도 나이가 들어서인지 몰라도 지난날의 영화를 뒤로 하고 퇴락한 고대 신전의 유적지를 보면, 실로 가슴이 뭉클해지더라구. 앙상한 기둥만 몇 개 남아있는 고대 신전 앞에는 푸르른 지중해의 바다가 펼쳐지고 말일세. 뭐랄까? 말로는 표현하기 힘든데, 우리 인생살이의 본질을 느낄 수 있는 것 같아."

무(無)에서 남이 넘보기 힘든 유(有)를 만들어 낸 노신사는 자신이 다시 무(無)를 향해 가고 있음을 관조하는 듯이 보였다.

"네. 그러셨군요."

이윽고 생각난 듯이 최 회장은 나에게 보고서를 보여 달라고 했다. 팔순을 앞 둔 회장은 허리를 뒤로 젖히고 보고서를 펼쳐 들었다. 아무런 감정 변화가 없어 보였다.

"잘했군. 내가 그래서 자네에게 회사를 맡긴 게 아니겠나. 껄껄."

"모두 회장님 덕택입니다. 그 동안 그룹에서 직원들의 월급을 한 번도 거르지 않도록 지원해 주신 점 정말 감사드립니다. 그런데, 회장님. 한 가지 여쭤볼 게 있습니다."

"그러게."

"왜 저에게 이 회사를 맡기셨는지 그 이유를 말씀해 주십시오. 저 말고도 뛰어난 인재가 수두룩할텐데 하필이면 저에게 회사를 맡기셨는지 말입니다."

최 회장은 나의 얼굴을 물끄러미 쳐다보았다.

"그래, 그게 궁금할 테지. 그건 말일세. 자네가 스스로 그 자리를 만든 것이나 다름없다네. 자네가 그 동안 살아온 결과로 지금 그 자리에 있다고 말하는 것이 보다 정확한 말이 될 걸세. 무슨 말인지 잘 모르겠나? 그래, 내 자세히 이야기해 줌세. 난 자네를 K 대학 불교 포럼에서 처음 만났었지. 그 후 나는 금방 자네를 잊어 버렸다네. 그러다가 몇 년 후 우연히 우리 그룹의 자금담당 최 이사에게서 자네의 이야기를 듣게 되었지. 자네와 최 이사는 서로 친한 사이라지?"

"예, 서로 마음이 맞아서 친하게 지내오고 있습니다."

"최 이사를 통해 이야기를 들으니까 자네에 대한 흥미가 생기더군. 자네가 3년 연속으로 최우수 지점장이 되었다는 이야기에는 나는 별 관심이 없었네. 그런데 내가 관심을 가진 것은 자네가 일하는 방식이었다네. 자네가 칼 퇴근을 강조하면서도 최우수 지점을 만드는 방식과 후배 직원이 횡령한 공금을 대신 메워주고 사표를 받는 방식 등이 나에게는 매우 흥미로웠네. 왠지 인간미가 느껴졌다고나 할까. 그러나 그게 전부가 아닐세. 어디 수많은 식구가 딸린 한 기업의 운명을 짊어지고 갈 CEO를 단지 호기심으로 결정할 문제인가?"

최 회장은 물끄러미 나를 쳐다보더니 계속 말을 이어갔다.

"나는 우리 청바지 회사가 이대로 가면 망할 것이라는 것을 직감했었네. 그래서 새로운 CEO를 물색하고 있었지. 계열사 경영진들은 그 자리를 무덤이라고 생각했는지 아무도 나서지 않았지. 나는 청바지 회사에 변칙으로 자금 지원을 해서 내가 일군 기업을 자식에게 세습하는 방법을 동원할 수도 있었지만 나는 그렇게 하지 않았네. 나는 내 진심을 아들에게 밝혔네. 그러자 내 아들이 적임자가 있다며 자네를 추천해주더군. 실은 우리 그룹 자금 담당 최 이사가 바로 내

아들일세."

나는 둔기로 머리를 얻어맞은 것 같았다. 최 이사는 나와 몇 년 동안이나 만나오면서도 그런 내색을 조금도 하지 않았었다. 그리고 최 이사와 나는 자주 광화문 버스 정류장 모퉁이의 허름한 홍탁집에서 술을 마시곤 했는데, 그가 재벌 2세라는 낌새는 전혀 눈치 챌 수가 없었다.

최 이사가 갑자기 위압적으로 느껴졌다. 최 이사는 내가 자신의 아버지 회사인 M청바지 회사의 사장이 된 이후에도 계속 만났는데 아무런 내색을 하지 않았다.

"최 이사는 한마디로 잘라서 말하더군. 이 청바지 회사를 살리고 싶으면 자네에게 CEO를 맡기라고 말일세. 이유는 한 가지더군. 자네에게는 용솟음치는 열정이 있다는 것이었어. 나는 '열정'을 CEO의 가장 중요한 자질이라고 생각한다네. 최 이사는 그 동안 숱한 금융기관의 지점장들을 만났지만 자네처럼 열정적인 사람은 보기 힘들었다고 하더군."

순간적으로 최 이사에게 나의 개인적인 이야기를 모두 털어 놓았던 기억이 떠올랐다. 내가 회사를 그만둔 이유며,

후배의 공금 횡령 이야기 등 사적인 이야기를 거리낌 없이 최 이사에게는 했던 것이다.

최 회장은 과거를 회상하듯 실눈을 가늘게 감고는 말을 이어갔다.

"기업을 위해서 사람이 존재하는 게 아니라, 사람을 위해서 기업이 존재하는 것이라는 게 나의 경영철학일세. 회사도 사람이 살아가는 하나의 사회 아니겠나. 자네가 직원들에게 '공주병에 걸리자'는 캠페인을 벌인 것도 결국은 '사람을 존중해야 된다'는 생각을 했기 때문이겠지. 아 참, 자네 수첩에 아직도 손바닥 복사한 것 가지고 다니나? 어디 한 번 보여주게."

나는 또 다시 놀랐다.

'최 이사, 이 친구 어디까지 이야기한 거야. 설마……'

잠시 생각에 잠겨 있는데 최 회장이 채근했다.

"어디 자네 손금 한 번 보자구."

나는 호주머니를 뒤져서 최 회장에게 내 손바닥을 복사한 것을 건넸다.

"어디 보자. 손금이 얼마나 좋기에 그렇게 애지중지하며 가지고 다니는지……"

최 회장은 내가 몹시도 당황스러워 하는 것을 즐기는 듯이 보였다.

"자네의 손바닥 철학이 마음에 들더군. 자네는 술만 마시면 최 이사의 손을 잡고 말했다지. 손을 물속에 담그고 가만히 있으면 물이 손바닥 위에 가득 있지만, 물을 잡으려고 손을 움켜쥐는 순간 물은 손에서 다 빠져나가 버린다고 말이야. 맞는 말일세. 내 생각도 자네의 손바닥 철학과 똑같다네."

최 회장은 나를 스카우트하기 이전에 이미 나에 대해서 속속들이 알고 있었다. 그런데도 나는 단지 내가 그 동안 거둔 실적 때문에 최 회장이 나를 스카우트한 것으로 알고 내심 우쭐하고 있었으니 이 얼마나 창피한 일인가.

"그리고 참, 자네, 무애 스님 잘 알지? 무애 스님하고는 나도 잘 아는 사이라네. K대학 최고경영자 과정의 한 강연에서 무애 스님을 만났다네. 그때 강연을 마친 무애 스님은 우리 경영자들에게 무엇 때문에 기업을 하는지에 대한 질문을 했네. 그는 기업의 모든 것은 오너의 생각과 행동의 결과라는 말을 했었네. 뭐 별로 특이한 말은 아니라고 생각했지.

나는 개인적으로 무애 스님을 계속 만나면서 내가 무애 스님 이야기의 한 면만 바라보고 있었다는 것을 알았다네. 기업은 내 모든 행동의 결과이지만, 이것은 곧 직원들 모두의 행동의 결과이기도 하다는 것을 깨닫게 되었네. 그때부터 기업은 단순히 돈을 벌기 위한 방편이 아니라, 기업을 통하여 내 삶을 구현하는 것이라는 생각이 들었다네. 어때 멋지지 않나?"

나는 최 회장의 기업관이 이렇게 숭고한 줄은 몰랐다. 단지 역경을 딛고 자수성가한 재벌 총수의 한 사람 정도로만 생각하고 있었던 것이다.

"나는 M청바지 회사의 CEO를 추천해 달라고 무애 스님에게 부탁을 한 적이 있다네. 그런데 공교롭게도 내 아들과 마찬가지로 무애 스님도 자네를 추천하더군. 그래서 나는 젊은 자네를 CEO로 과감하게 스카우트했고 그 후로 청바지 회사의 경영에는 일절 관여하지 않은 것이라네."

나는 머릿속이 복잡해졌고 한편으로 두려움이 밀려왔다. 내가 만났던 주위 사람들이 이렇게도 정교하게 나와 얽혀

있단 말인가. 이 때 무애 스님께 들었던 법문의 한 구절이 떠올랐다.

'관계는 곧 나 자신이며 관계는 곧 존재의 본질이다.'

나는 한동안 말을 잃고 멍하니 앉아 있었다. 나는 회장실을 뒤로 하고 급히 무애 스님이 계신 마하보리선원으로 향했다. 미리 전화를 드렸던 터라 무애 스님은 응접실에서 기다리고 있었다.

"스님, 감사합니다. 덕택에 회사를 정상화했습니다."

눈을 지그시 감고 내 말을 듣던 무애 스님은 버럭 고함을 질렀다.

"회사는 없다!"

나는 깜짝 놀랐다.

"예?"

무애 스님은 독송을 하듯 아련한 목소리로 말을 이어갔다.

"회사라는 것은 존재하지 않아. 내 자신이 곧 회사인 것이지. 회사는 단지 나에게 일할 장소를 제공함으로써 나의 꿈을 실현할 수 있는 기회를 주는 것이고, 그와 동시에 나는 회사에 돈을 벌어다줌으로써 서로 의존하는 관계를 맺는

'관계는 곧 나 자신이며, 관계는 곧 존재의 본질이다.'

것이지. 회사와 나는 따로 분리된 것이 아니라네. 회사와 나를 분리하여 생각하는 이분법적인 사고는 회사와 나의 관계를 올바로 보지 못하는 것으로 모든 불행의 시발점이 되는 것이야. 나 자신만의 힘으로 회사에 돈을 벌어주는 것이 아니라, 회사와 내가 서로 도움을 주는 관계를 맺음으로써 비로소 돈을 벌 수 있지 않겠나. 그리고 내가 회사에서 일을 할 때 급여 외에 승진이라는 사회적 명예와 전문 기술의 숙련이라는 부수적 효과가 있다는 사실을 깨달아야 하네. 회사와 관계함으로써 비로소 자신의 능력을 발휘할 수 있고, 회사도 발전하는 것이지. 어디 회사뿐이겠는가. 가족도, 사회도, 나라도 다 마찬가지겠지. 이 세상은 모두 관계로 연결돼 있기 때문이지. 관계는 곧 행복과 불행의 교차점이라네. 그 어느 쪽이든 자신이 선택하는 것이지."

나는 전율을 느꼈다. 관계는 행복과 불행의 교차점이라는 무애 스님의 말씀이 가슴속을 파고들었다. 반사적으로 나는 복사된 빈 손바닥을 꺼내 보았다. 행복과 불행이 교차하듯 이러 저리 얽힌 손금이 '지금 이 자리'에서 행복한 관계를 만들라고 재촉하는 듯이 보였다.

아이엠-공주병-관계는
하나다

　자신을 믿고 존중하는 것, 자신 있게 행동하는 것, 상호의 존적 관계를 직시하는 것, 이 세 가지는 서로 다른 것이 아니다. 자신에 대한 믿음은 자신감을 통해 실현될 수 있고, 자신을 존중하는 것은 관계의 소중함을 되새기게 해준다. '믿음-자신감-관계'는 이리저리 얽혀있는 손금이 한 손바닥에서 늘 함께 있듯이 원래부터 하나의 모습이다.